STARK

ABITUR 2014

Prüfungsaufgaben
mit Lösungen

Englisch

Grundkurs
Gymnasium • Gesamtschule
Nordrhein-Westfalen

2007–2013

STARK

ISBN 978-3-8490-0507-8

6. ergänzte Auflage
www.stark-verlag.de

Inhalt

Jeweils zu Beginn des neuen Schuljahres erscheinen die neuen Ausgaben der Abitur-Prüfungsaufgaben mit Lösungen.

Autoren:

Herausgeber: Dr. Jochen Baier
Übungsaufgaben: Dr. Jochen Baier, Birgit Holtwick, Angela Obladen, Hannah Schmidt
Lösungen der Abitur-Prüfungsaufgaben: Dr. Jochen Baier

Vorwort

Liebe Schülerinnen, liebe Schüler,

bald werden Sie Ihre zentralen Abitur-Prüfungen im Fach Englisch ablegen. Wir möchten Sie auf Ihrem Weg zu einem guten Abschluss begleiten und Ihnen helfen, sich mit den Anforderungen des zentralen Abiturs in Nordrhein-Westfalen vertraut zu machen.

Mithilfe der folgenden Aufgaben und Lösungsvorschläge haben Sie die Möglichkeit, gezielt und umfassend in Ihre (nähere) Zukunft zu investieren. Der Hauptteil des Buches enthält eine Fülle von Beispielen für **konkrete Aufgabenstellungen**, die **typisch für das Zentralabitur** sind. Anhand von **Musterlösungen** können Sie herausfinden, in welchen Teilbereichen Sie Ihre Kompetenzen weiter verbessern müssen. Der Band enthält außerdem **alle Original-Prüfungsaufgaben** der letzten Jahrgänge mit ausführlichen Lösungsvorschlägen.

Bevor Sie mit den Beispielklausuren beginnen und eigene Lösungen formulieren, sollten Sie die Rahmenbedingungen und Hauptschwierigkeiten der Abiturprüfung in NRW analysieren. Nach unserer Erfahrung werden von Schülern zumeist die folgenden konkreten Fragen gestellt:

Was erwartet mich?
Welche Materialien muss ich bearbeiten?
Wie werden die Arbeitsanweisungen formuliert?
Welches Grundwissen benötige ich?
Wie baue ich eine Analyse auf?
Wie argumentiere ich sachgerecht am Text?
Wann und wie verwende ich Textverweise?
Wie zitiere ich?

Unsere Hinweise zu diesen Fragen werden Ihnen helfen, Inhalt und Form der Beispielklausuren besser zu verstehen und aus ihnen zu lernen.

Sollten nach Erscheinen dieses Bandes noch wichtige Änderungen im Zentralabitur 2014 vom Schulministerium Nordrhein-Westfalen bekannt gegeben werden, finden Sie aktuelle Informationen dazu im Internet unter:
www.stark-verlag.de/info.asp?zentrale-pruefung-aktuell

Schon jetzt wünschen wir Ihnen viel Erfolg bei Ihrem Zentralabitur.

Jochen Baier

Jochen Baier und Team

Stichwortverzeichnis

Hinweise und Tipps zum Zentralabitur 2014

1 Was erwartet mich?

In Ihrer Prüfung stehen Ihnen zwei Aufgaben zur Auswahl: Eine dieser Auswahlaufgaben basiert auf einem fiktionalen Text (z. B. einem Roman) und eine auf einem nicht-fiktionalen Text (z. B. einem Zeitungsartikel). Zur Bearbeitung stehen Ihnen im Grundkurs drei Zeitstunden zur Verfügung – zusätzlich wird Ihnen für die Auswahl Ihres Themas eine halbe Stunde eingeräumt. Jede Auswahlaufgabe besteht aus einem **Materialteil** und einem **Aufgabenenteil**. Als Hilfsmittel dürfen ein einsprachiges und ein zweisprachiges Wörterbuch verwendet werden.

2 Welche Materialien muss ich bearbeiten?

Im Materialteil finden Sie einen Text und/oder ein sonstiges Medium (z. B. eine Tabelle, ein Bild, einen Filmausschnitt). Die Texte sind Ihren Kurslehrern nicht bekannt, es wäre also Zufall, wenn Sie ausgerechnet den Abiturtext bereits im Unterricht behandelt hätten. Im Grundkurs haben die Texte eine Länge von 400 bis 600 Wörtern. Gedichte, Songtexte u. Ä. sind von dieser Regel ausgenommen.
Jeder der Texte entstammt einer originalen englischsprachigen Quelle und lässt sich einem der **thematischen Schwerpunkte** der Oberstufe zuordnen. Laut den Vorgaben für die schriftlichen Prüfungen im **Abitur 2014** müssen die folgenden Themen in der Vorbereitungsphase behandelt werden:

- British and American traditions and visions
- Globalisation – global challenges
- Post-colonialism and migration
- The interest of young audiences in Shakespeare
- Visions of the future – exploring alternative worlds

Die Texte sind immer so ausgewählt, dass jeweils Querverbindungen zu den anderen Themenbereichen gezogen werden können. Der Materialteil ist also bis zu einem bestimmten Maße „halbjahresübergreifend".
Zusätzlich wird festgelegt, dass bestimmte Arten von Texten im Unterricht behandelt werden müssen. Die genaue Auswahl der Werke bleibt Ihrem Kursleiter überlassen. Über die Texte, die Sie im Unterricht bearbeitet haben, müssen Sie im Abitur auswendig Bescheid wissen.

Für den Jahrgang 2014 beinhalten die Vorgaben für den Grundkurs:
- Textformate der Druckmedien: Leitartikel der internationalen Presse
- Textformate der öffentlichen Rede: Politische Rede
- Cartoons, Diagramme, Statistiken
- Literarische Texte:
  - Narrative Texte: Romane des 20./21. Jahrhunderts, Short Stories
  - Dramatische Texte: Dramen des 20./21. Jahrhunderts, Drehbücher zu Filmen, Auszüge aus einem Drama von William Shakespeare
  - Lyrische Texte: Gedichte und Songs des 20./21. Jahrhunderts

3 Wie werden die Arbeitsanweisungen formuliert?

Der Aufgabenteil besteht üblicherweise aus drei Teilaufgaben.
- Die erste der drei Aufgaben zielt darauf ab zu prüfen, ob Sie das Material in seinen Grundzügen verstanden haben *(comprehension/orientation/context)*. Es geht für Sie also darum, die **zentralen inhaltlichen Elemente** zu erkennen, **in eigene Worte** zu fassen und ggf. in einen **größeren Zusammenhang** einzuordnen.
- Die zweite Aufgabe ist das Kernstück des Englischabiturs. Hier wird geprüft, ob Sie in der Lage sind, einen **Text zu analysieren**, d. h. im Detail zu untersuchen *(analysis)*. Erfahrungsgemäß fällt den Schülern dieser Aufgabenteil am schwersten. Üben Sie in diesem Bereich besonders viel.
- Bei der dritten Aufgabe gibt es zwei Grundtypen: Entweder sollen Sie einen wichtigen Themenaspekt **aus Ihrer persönlichen Sicht** heraus **kommentieren** bzw. **diskutieren** oder Sie sollen einen **kreativen Text verfassen** *(evaluation/recreation of text)*. In der Prüfung können Sie u. U. zwischen beidem wählen.

Für jeden der drei genannten Aufgabentypen gibt es charakteristische Formulierungen, die wir im Folgenden genauer erläutern wollen. Wir erklären insbesondere die Bedeutung der typischen **Operatoren** wie z. B. „explain“ oder „analyse“. Das soll Ihnen helfen, die betreffende Aufgabe korrekt zu bearbeiten. Aber Vorsicht: Je nach Zusammenhang können die Wörter durchaus unterschiedliche Dinge bedeuten. Sie müssen also stets die gesamte Arbeitsanweisung genau lesen, um sicherzustellen, dass Sie in Ihrer Lösung auf alle geforderten Aspekte eingehen.

Anforderungsbereich Textverstehen: *comprehension/orientation/context*

Die reinen Verstehensaufgaben des ersten Anforderungsbereiches *(comprehension)* beziehen sich in der Regel strikt auf den Ausgangstext. Das Hinzufügen weiterer Informationen führt im schlimmsten Fall zu Punktabzügen. Dementsprechend sind die typischen Operatoren auf eine einfache Wiedergabe des Gelesenen ausgerichtet. Verwendet werden z. B. Wörter wie „**summarize**“, „**state**“, „**outline**“, „**describe**“ und „**explain**“.

Bei einigen Aufgaben des ersten Anforderungsbereichs werden Sie zusätzlich dazu aufgefordert, den Zusammenhang zu erklären, in dem die Textvorlage steht *(orientation/context)*. Fassen Sie sich bei einer solchen Aufgabe möglichst kurz, d. h. beschränken Sie sich auf das Wesentliche und verzichten Sie auf Details. Die Beachtung

dieses Grundsatzes wird in der Aufgabenstellung oft explizit durch die Adverbien „briefly" oder „shortly" eingefordert, gilt aber auch ohne diesen Hinweis.
Ihre ersten Arbeitsschritte zur Erfassung der Textbedeutung könnten sein:

- Lesen der Aufgabe
- Lesen des Textes (eventuell zweimal)
- Nachsehen unbekannter Wörter/Notieren von Stichwörtern
- Herausfiltern der wichtigen Informationen
- Formulierung der Hauptaussage des Textes in einem Satz
- (Rekapitulation von Vorwissen zum Kontext)
- erneutes Lesen zum Überprüfen des Textverständnisses

Bei der Formulierung der Ergebnisse zu den Aufgaben des ersten Typs tritt oft das Problem auf, dass Schüler sprachlich zu nah am Text bleiben. Der Grundsatz „use your own words" gilt aber auch, wenn er nicht in der Formulierung der Arbeitsanweisung auftaucht.
Hier die Operatoren im Einzelnen:

Summarize/Sum up

Fassen Sie den Ausgangstext nach folgenden Regeln zusammen: Konzentrieren Sie sich auf das Wesentliche, indem Sie z. B. wörtliche Rede, Beispiele, statistische Angaben etc. weglassen. Verwenden Sie Ihre eigenen Worte und schreiben Sie stets in der Gegenwartsform des Simple Present (sehr wichtig!). Bei der Zusammenfassung von Kurzgeschichten oder Romanausschnitten kann Ihnen in der Arbeitsanweisung auch der Operator „retell (the story)" begegnen – in diesem Fall verwenden Sie bitte die Zeitform, in der auch der vorgegebene Text steht.
Zitate sind unüblich – am besten verzichten Sie ganz darauf oder dosieren sehr, sehr sparsam. Textbelege sind Geschmackssache – am besten fragen Sie Ihren Kurslehrer nach seinen Wünschen. (Wir haben etwa 30 Lehrer befragt und dabei völlig unterschiedliche Antworten bekommen.)
Unter Umständen finden Sie eine Vorgabe, wie viele Wörter Sie maximal schreiben dürfen. Halten Sie sich an diese Grenze. Bei einer Überschreitung von mehr als 10 % wird die Note normalerweise herabgesetzt. Wird keine Vorgabe bezüglich der Wortzahl gemacht, so ist ein Drittel der Länge des Ausgangstextes ein gutes Daumenmaß.

- **Beispiel: Gedichtzusammenfassung**
  Summarize the main aspects of the poem "My Heart Leaps Up" by William Wordsworth in your own words.
  In dieser Aufgabenstellung werden zwei wesentliche Aspekte der Zusammenfassung nochmals explizit benannt, nämlich die Beschränkung auf die Hauptaspekte und die Verwendung eigener Worte. Bei Zusammenfassungen sollten Sie die einschlägigen Bezeichnungen für die Einzelteile der betreffenden Textform beherrschen (z. B. „first line", „stanza", „couplet" bei Gedichten oder „headline", „subheading", „1st column" bei Zeitungsartikeln).
- **Beispiel: Zusammenfassung einer aktuellen politischen Diskussion**
  Sum up what arguments the two politicians mentioned in the newspaper article bring forth to support their view of the Iraq War.

Hier müssen Sie nicht den gesamten Artikel zusammenfassen, sondern sich auf die Argumente der beiden Politiker beschränken. Das Herausfiltern wichtiger Informationen wird also in eine bestimmte Richtung gelenkt – die Aufgabe definiert bereits, was für die Bearbeitung „wichtig" und was „unwichtig" ist.

State

Benennen Sie etwas, legen Sie etwas dar. Die zusammenfassende Darlegung des Inhalts hat hier normalerweise die Form einer Auflistung mit kurzen Erläuterungen zu jedem Teilaspekt. Versuchen Sie, jeden einzelnen Aspekt durch ein Schlagwort plakativ zu kennzeichnen. Achten Sie dabei darauf, dass Sie für jeden Aspekt die gleiche Wortart benutzen, also etwa nur Nomen (z. B. „Freiheit", „Gleichheit", „Brüderlichkeit"). Verwenden Sie typische Bindewörter für Aufzählungen (z. B. „first", „second", „third", „then", „later", „finally", „additionally", „furthermore").

- **Beispiel: Gegenüberstellung moralischer Argumente in einem sozialen Kontext**
  State the pros and cons of developing aid for the Third World.
  Hier drückt die Arbeitsanweisung den Auflistungscharakter besonders deutlich aus. Pros und Cons bilden trennbare Einzelaspekte – in diesem Fall die Vor- und Nachteile von Entwicklungshilfe für die Dritte Welt –, die einzeln benannt und dargestellt werden können.

Outline (alternativ auch: ***point out***)

Geben Sie eine Übersicht, stellen Sie das Wichtigste heraus. Filtern Sie dabei etwas stärker als bei einer Zusammenfassung (fertigen Sie quasi die Zusammenfassung der Zusammenfassung an) und stellen Sie nur die absolut wesentlichen Elemente dar. Phrasen wie „above all the author deals with", „the text focuses on", „the gist of the passage is that" sind hier nützlich.

Weil der Operator „outline" den Ausgangstext am stärksten auf das Wesentliche reduziert, ist er oft mit der zusätzlichen Aufgabe verbunden, den Kontext des Textes darzustellen. Benutzen Sie die einschlägigen Phrasen, um Text und Kontext aneinander zu binden (z. B. „at the backdrop of", „in this context we have to [...]", „(the story) is framed by", „considering the (historical) fact that").

- **Beispiel: Kurzdarstellung eines historisch-politischen Hintergrundes**
  Briefly outline the historical events that led to the conflict in Northern Ireland. Focus on the people which are mentioned in the given text.
  Sie sollen die historischen Ereignisse, die zum Nordirlandkonflikt geführt haben, kurz darstellen. Der Zusatz im zweiten Satz ist als Hilfestellung zu verstehen, da Sie offensichtlich anhand der im gegebenen Text erwähnten Personen Material und Kontext miteinander verbinden können.

Describe
Beschreiben Sie etwas, z. B. einen textlichen Sachverhalt, eine bildliche bzw. grafische Darstellung.
Bei der Beschreibung dürfen Sie etwas detaillierter auf Einzelaspekte eingehen als bei den bisher genannten Frageoperatoren. Das Filtern von wichtigen Informationen ist zwar auch hier notwendig, steht aber nicht so sehr im Vordergrund der Aufgabe.

- **Beispiel: Beschreibung einer statistischen Grafik**
  Describe the chart "The Global Languge". (siehe Übungsaufgabe 4)
  Hier geht es um die präzise Beschreibung eines Diagramms. Da der Lehrplan im Fach Englisch die Verwendung mehrfach kodierter Texte, Statistiken, Schaubilder etc. explizit für das Abitur vorsieht, ist es besonders wichtig, dass Sie sich mit den entsprechenden Redemitteln zur Beschreibung und Analyse solcher Medien vertraut machen (z. B. „on average the sum is", „it amounts to", „the percentage rises constantly", „there is a lull in the development").

Explain
Erklären Sie, erläutern Sie etwas.
Diesem Operator werden Sie sehr häufig begegnen. Sie sind aufgefordert, die logischen Zusammenhänge innerhalb des Ausgangstextes zu erklären und somit Ihr Verständnis unter Beweis zu stellen. Beachten Sie, was Sie genau betrachten sollen, denn an diesen Operator lassen sich sehr unterschiedliche Aufgaben anknüpfen. Oft wird er Ihnen daher auch im zweiten Anforderungsbereich, der Analyse, begegnen.
Bei Ihren Erklärungen sollten Sie diejenigen Bindewörter verwenden, die sachlogische Verknüpfungen betonen (z. B. „consistently", „accordingly", „in accordance with", „in contrast to", „by contrast", „owing to").

- **Beispiel: Begründung für die Kategorisierung eines lyrischen Textes**
  Is the poem a love poem? Briefly explain. (siehe Übungsaufgabe 7)
  Diese einfache Entscheidungsfrage, die sich banal mit „ja" oder „nein" beantworten ließe, wird durch den Zusatz „explain" erweitert. Sie müssen, wiederum auf der Grundlage des Ausgangstextes, Ihre Entscheidung schlüssig begründen.

***Useful Expressions* – Anforderungsbereich Textverstehen**

Funktion	Sprachliche Wendung
Den zusammenfassenden Charakter Ihres Texts herausstellen	• *To sum up/To summarize/Summarizing the main aspects … we can say that …* • *The gist of the given text is that …*
Die Themenaspekte hintereinander aufzählen	• *First; Second; Third* • *Firstly; Secondly; Thirdly* • *At the beginning; Then/later; In the end/finally/ eventually* • *Also/Beside/In addition/Additionally it should be remarked …* • *Further/Furthermore/Moreover the text elaborates on …*

Einen Zusammenhang herstellen: • Den Grund für etwas erläutern oder erklären	• *This is owing to the fact that …* • *This development is rooted in …* • *The basis of this is formed by the fact that …*
• Die Folge von etwas erläutern oder erklären	• *Accordingly … / In accordance with this* (= einer Regel folgend) … • *This means that … / Consequently* (= zeitliche Folge) • *Consistently / Logically / Correspondingly* (= logische Folge) … • *(In the following) this leads to … / It follows that …* • *This results in …* • *Thus / Therefore / Hence*
• Einen Gegensatz ausdrücken	• *In contrast to this* • *But/However/Yet we can state that …*
Bezug nehmen auf etwas: Den Hintergrund eines Sachverhalts oder Texts mit einbeziehen	• *In/With regard to … / regarding … / with reference to …* • *At the backdrop of the (political) situation we need to emphasize that …* • *In this context it must be mentioned that …* • *Considering the (historical) fact that … we can say …*
Beispiele geben	• *This becomes obvious/visible when …* • *A good example is …* • *To illustrate this …* • *With reference to line 12 it can be stated that …*
Ein kurzes Abschlussergebnis formulieren	• *In conclusion we can assess that …* • *Thus/therefore/all in all it can be said …* • *In a nutshell it can be summed up by saying that …* • *In short: … / In a word: …*

Anforderungsbereich Analyse: *analysis*

Die Analyseaufgaben erfordern vor allem eine detaillierte Untersuchung des Zusammenspiels von Form/Sprache und Inhalt. Dazu ist es notwendig, den Ausgangstext in seine Bestandteile zu zerlegen – nur so können Sie die Wirkung einzelner Stilelemente für das Ganze genau erklären. Bei allen einschlägigen Frageoperatoren geht es vornehmlich darum, wie oder nach welchem literarischen Muster ein Text verfasst wurde – neben der klassischen Anweisung „analyse" finden sich die Operatoren „classify" oder „categorize".
Der erfahrungsgemäß häufigste Fehler besteht darin, dass Schüler formale Elemente wie z. B. Metaphern nur benennen, ihre Funktion für das Ganze aber aus den Augen verlieren. Wenn Sie in Ihrer Abiturklausur also nicht begründet vermuten können, mit welcher Absicht der Autor ein bestimmtes Stilmittel ausgerechnet an einer be-

stimmten Stelle verwendet hat, ist es wahrscheinlich besser, überhaupt nicht darauf einzugehen. Lehrer lesen in Schülerarbeiten oftmals viel zu allgemeine Erklärungen zur Funktion der in der Textvorlage enthaltenen Stilmittel. Da heißt es z. B. sinngemäß, dass die verwendeten Wortspiele *(puns)* den Ausgangstext der Klausur „leichter lesbar“ machen oder dass die enthaltenen Alliterationen *(alliterations)* den Leser „besonders ansprechen“. Das ist zwar u. U. nicht falsch, aber völlig unzureichend und damit im Hinblick auf die Bewertung Ihrer Abiturklausur kontraproduktiv! Nehmen Sie bei der Erklärung der Formelemente immer genau Bezug auf den Inhaltsschwerpunkt der Aufgabe.
Bei der Bearbeitung der Analyseaufgabe zu Shakespeares *Julius Caesar* (siehe Übungsaufgabe 8) müssen Sie beispielsweise den Zusammenhang zwischen Wortspielen und Alliterationen und der politischen Wirksamkeit der Rede des Markus Antonius herstellen. In der Tat sind die Stilmittel nicht nur „nett zu lesen“, sondern sie unterstreichen ganz konkret die Sinnlosigkeit des Mordes an Julius Caesar und verunsichern das Publikum:

> *Extremely emotionally, which is indicated in the usage of the exclamation mark, Mark Antony states that "judgement, [...] art fled to brutish beasts, / and men have lost their reason!" (ll. 68/69). The alliterative pun "brutish beasts" has an ambiguous meaning that makes the audience feel insecure and uncomfortable about their opinion. The adverb refers to the violence and aggressiveness of wild animals – their brutality – and to the fact that the murderers of Caesar were led by Brutus.*

Die Aspekte, unter denen Sie die Texte analysieren sollen, werden in den jeweiligen Aufgabenstellungen genannt.

Ihre ersten Schritte zur Fertigstellung Ihrer Analyse könnten also sein:
- Definition des Schwerpunktaspekts anhand der Arbeitsanweisung
- Auffinden von formalen und sprachlichen Elementen
- Anstellen von Vermutungen über die konkreten Funktionen der Stilmittel
- Formulierung einer zusammenfassenden Aussage zur Funktion von Sprache und Form

Um bei der späteren Verschriftlichung Ihrer Ergebnisse die Rolle des Autors im Hinblick auf den Zusammenhang zwischen Form und Inhalt hervorzuheben, können Sie Formulierungen wie z. B. „(the author) employs“, „deploys“, „uses“ oder „makes use of“ benutzen. Durch solche Wendungen betonen Sie Ihre Erkenntnis, dass Form und Sprache bewusst und mit einem bestimmten Ziel eingesetzt werden.
Hier die Operatoren des zweiten Aufgabentyps im Einzelnen:

Analyse (alternativ auch: ***examine***)
Untersuchen Sie etwas im Detail.
Diesem Operator werden Sie vermutlich am häufigsten begegnen. Im Kern geht es darum, etwas zu ergründen, indem man es in seine Einzelteile „aufspaltet“. Hat man jedes Teil einzeln untersucht, setzt man alle Ergebnisse zu einem Gesamtergebnis zusammen.

Achtung: Ähnlich wie „explain“ kann auch „analyse“ mit unterschiedlichen zusätzlichen Aufgaben verknüpft werden.

- **Beispiel: Analyse eines Romanausschnitts**
  Analyse how Modern Auntie's exceptional situation is emphasized in the excerpt. Consider both content and language. (2007-1)
  Bei dieser Aufgabe steht das Zusammenwirken von Inhalt und Sprache im Zentrum des Untersuchungsinteresses. Es gilt, seinen Effekt in Bezug auf die Darstellung der Sonderstellung des gesamten Charakters zu „erforschen“.
- **Beispiel: Detaillierte Untersuchung einer politischen Karikatur**
  Analyse how the cartoon makes a mockery of the politician who is shown.
  Hier geht es um einen Cartoon und seine Wirkung. Sofern nicht schon in der ersten Aufgabe geschehen, können Sie die Karikatur erst detailliert beschreiben und ihren Kontext erläutern, bevor Sie untersuchen, was der Zeichner ausdrücken möchte.

Classify oder ***categorise***

Klassifizieren bzw. kategorisieren Sie etwas. Zeigen Sie, zu welcher Gruppe ein Text gehört und warum.

- **Beispiel: Typisierung eines nicht-fiktionalen Textes**
  Classify the article and analyse how different text type elements and stylistic devices convey the author's opinion.
  Diese spezielle Aufgabe bezieht sich auf einen Zeitungsartikel, den es einzuordnen gilt. Der Zusatz macht bereits deutlich, dass es hier nicht um einen neutralen Bericht geht, sondern dass der Journalist seine eigene Meinung deutlich macht. Es muss sich also um einen Kommentar handeln.

Useful Expressions **– Anforderungsbereich Analyse**

Funktion	Sprachliche Wendung
Hauptergebnis nennen • Besonderheit des Texts gemäß Aufgabenstellung benennen • Text kategorisieren	 • *The text is characterized by …* • *The given passage clearly shows …* • *The text part is marked by/dominated by …* • *The text given can be classified/categorized as …* • *This piece of fiction/non-fiction falls into the category "XY"*
Vorgliedern: Schwerpunkte für genauere Ausarbeitung setzen	• *A closer look must be taken at …* • *The focus must be on …* • *The crucial aspects are …*
Zusammenhang zwischen Sprache und Inhalt herausarbeiten • Gesamteindruck formulieren	 • *The author mainly employs/deploys … (metaphors, similes etc.)*

• einzelne Funktionen deuten	• *The text excerpt frequently uses/makes use of … (symbols, alliterations etc.)* • *This element serves to show/symbolize …* • *The means functions as …* • *The stylistic device hints at …/insinuates that …* (= wirkt eher andeutend)

Anforderungsbereich Evaluation: *comment/(re-)creation of text*

Die Konventionen, die Sie bei Ihrer Antwort zum dritten Aufgabenbereich beachten müssen, sind für jeden Operator unterschiedlich.
Wir empfehlen, folgendermaßen vorzugehen:
- Ermittlung des geforderten Texttyps anhand der Aufgabenstellung
- Rekapitulation der Besonderheiten des eingeforderten Texttyps
- Ideen und Stoffsammlung

Hier die Hinweise zu den einzelnen Frageoperatoren:

Comment

Kommentieren Sie, beziehen Sie begründet Stellung.
Machen Sie sich zunächst Ihre eigene Meinung zu dem Thema klar. Formulieren Sie Ihre Auffassung möglichst vorab in einem kurzen Satz und stellen Sie diesen Ihrem späteren Text als These voran. Sammeln Sie dann Argumente, die Ihre Position stützen und die Gegenposition entkräften. Bei der Suche nach geeigneten Belegen für Ihre Argumente sollten Sie sich sowohl auf den Ausgangstext als auch auf zusätzliche Informationen aus dem Unterricht und auf Ihr Allgemeinwissen stützen. Achten Sie darauf, eine logische Argumentation aufzubauen, und benutzen Sie Phrasen wie „to my mind", „from my point of view", „I believe", „in my opinion" etc., um den persönlichen Charakter des Gesagten zu betonen.

- **Beispiel: Literaturphilosophischer Essay**
  "The power of love is the most important motif of literature". Comment by referring to the given text as well as another one of your choice. (siehe Übungsaufgabe 2)
  In dieser Aufgabe wird nochmals explizit verlangt, dass Sie sich in Ihrer Begründung sowohl auf den Ausgangstext als auch auf ein weiteres Werk stützen. Darin zeigt sich der „halbjahresübergreifende" Charakter der Aufgabe. Bei der Beantwortung könnten Sie beispielsweise auf ein im Unterricht besprochenes Gedicht zurückgreifen.
- **Beispiel: Politische Stellungnahme**
  Comment on the journalist's view by either supporting or refuting his claim that imperialism lives on. (siehe Übungsaufgabe 5)
  Bei diesem Thema bietet es sich an, Kenntnisse mit einzubeziehen, die außerhalb des Englischunterrichts erworben wurden. Naheliegend wäre ein Transfer zum Erdkunde- und Geschichtsunterricht. Allgemein ist es sinnvoll, spätestens während der Qualifikationsphase regelmäßig die Fernsehnachrichten (evtl. sogar auf

Englisch) zu verfolgen und eine Tageszeitung zu lesen, um für politische Themen besser gewappnet zu sein.

Judge
Beurteilen Sie etwas.
Diese Aufgabenform entspricht dem Kommentar, deutet aber an, dass in Ihren Ausführungen ein moralischer oder philosophischer Aspekt enthalten sein soll.

- **Beispiel: Literaturphilosophischer Essay**
  Judge Shakespeare's thesis concerning the relation between art and eternity, which is brought forth in the conclusive couplet. (siehe Übungsaufgabe 7)
  Um Shakespeares These, dass sein Gedicht die darin beschriebene Person unsterblich macht, zu beurteilen, können Sie sich auf andere literarische oder künstlerische Werke (z. B. Film oder darstellende Kunst) beziehen. Denkbar sind Querverbindungen zum Unterricht in den Fächern Kunst, Literatur, Philosophie oder Religion.

State your personal opinion
Stellen Sie Ihre eigene Meinung dar, beziehen Sie Stellung.
Es ist wiederum ein begründeter Kommentar gefordert.

- **Beispiel: Stellungnahme zu (nationalen) moralischen Werten**
  Taking into account the given text state your personal opinion on Mildred Olmstead's thesis that the "American Dream is good" (l. 6).
  (siehe Übungsaufgabe 1)
  In diesem Fall werden Ihre Belege vermutlich in erster Linie dem Englischunterricht entstammen, könnten aber durch tagespolitische Informationen aus dem nordamerikanischen Sprachraum ergänzt werden.

Discuss
Diskutieren Sie eine Position, wägen Sie ihr Für und Wider ab.
Dieser Operator wird in vielerlei Hinsicht synonym zu der Anweisung „comment“ benutzt. Der entscheidende Unterschied besteht allerdings darin, dass bei einer Diskussion das neutrale Abwägen deutlich mehr Platz einnehmen sollte als beim Kommentar. Es ist daher durchaus zulässig und sinnvoll, am Anfang Ihres Textes Ihre Meinung noch etwas zurückzuhalten und den zentralen Diskussionspunkt lediglich in Form einer Frage oder eines Schlagwortes zu umreißen: Wenn in der Aufgabenstellung nur ein Schlagwort genannt wurde, formulieren Sie am besten eine Frage und umgekehrt. Anders als beim Kommentar ziehen Sie bei der traditionellen Form der Diskussion erst am Ende Ihr persönliches Fazit. Modernere Formen der Diskussion ähneln allerdings stärker dem Kommentar und verraten die Meinung des Verfassers früher – wenn Sie sich für diese Form entscheiden, wird eine neutrale Argumentation schwieriger, Ihr Text aber vielleicht insgesamt eleganter.

- **Beispiel: Pro und Contra eines Standpunktes**
  The text describes the benefits of television. Discuss whether TV really is a good thing for mankind.

Sie sollen einen argumentativen Text schreiben, in dem Sie das Für und Wider der im Text dargestellten Position abwägen und so zu einer begründeten eigenen Stellungnahme kommen.

Compare

Vergleichen Sie mehrere Phänomene aus Ihrer ganz persönlichen Perspektive.
Mit diesem Operator werden Sie dazu gezwungen, Ihr Vorwissen über ein Thema mit dem vorliegenden Prüfungstext in Beziehung zu setzen. Normalerweise wird hier die zusätzliche Aufforderung zur persönlichen Kommentierung oder Diskussion hinzugefügt, aber wenn der Operator „compare" im Anforderungsbereich Evaluation eingesetzt wird, dann gilt dies auch unausgesprochen.

– **Beispiel: Vergleichende Bewertung von Überwachungstechnologien in einem fiktionalen und einem nicht-fiktionalen Text**
  Compare the means of control described in George Monbiot's article with the various means of control in the society of Ray Bradbury's Fahrenheit 451 *and discuss which kind of control seems more threatening.* (siehe 2007-11)
  Bei dieser Aufgabe müssen Sie nicht nur über die notwendigen Informationen aus der Pflichtlektüre (die für das Abitur 2007 noch explizit festgelegt war) verfügen, sondern auch beachten, dass Sie die Gefährlichkeit der technischen Überwachungsgeräte unter Berücksichtigung des Texttyps bewerten.

***Useful Expressions* – Anforderungsbereich Evaluation**

Funktion	Sprachliche Wendung
Vorüberlegung anstellen, Bedingung aufstellen	• *Assuming that/provided that/in case that …*
These formulieren	• *(Undoubtedly) it can be assessed …*
Persönliche Meinung betonen	• *To my mind …* • *I believe that …* • *In my opinion; From my point of view …* • *Personally I assume that …*
Aufwerten von eigenen Argumenten	• *It speaks for (itself) … / It proves that …* (= Argument in sich logisch oder belegbar) • *Undoubtedly … / It can be taken for granted that …* (= Feststellung selbstverständlich)
Abwerten von Gegenargumenten	• *This can be countered/nullified by the fact that …* • *XY's idea can be weakened by/countered by …* • *YX's conclusion is not convincing because …*
(Andere) Sachverhalte ausblenden	• *Apart from that … / Regardless of that …* • *Nevertheless … / Nonetheless* (= dennoch) • *Even though … / In spite of the fact that …* (= obwohl)
Vergleichen	• *In comparison to that …* (offener Vergleich) • *On the one hand … on the other (hand) …*

	• *Likewise … / Similarly …* (= Ähnlichkeit betonen) • *Unlike …* (= Unterschied herausstellen)
Auf den Punkt bringen, (zentrales) Ergebnis erneut ausdrücken	• *To put it differently … / That is to say that …* • *Simplified that means …* (= vereinfacht ausgedrückt) • *To put it graphically/metaphorically …*

Write

Schreiben Sie einen Text.

Dieser Operator leitet in der Regel eine kreative Aufgabe ein – in den Kopfzeilen der Prüfungsbögen finden Sie dafür den Begriff „anwendungs-/produktionsorientierte Aufgabenstellung". In der Abiturprüfung 2014 wird für den Grundkurs explizit die Vertrautheit mit den Textformaten **Brief**, **Rede**, **Zeitungsartikel** und **Interview** vorausgesetzt. Auf diese Texttypen sollten Sie sich intensiv vorbereiten. Da die Formulierung der Anforderungen für die Abiturprüfung allerdings andere Texttypen nicht gänzlich ausschließt, ist es ratsam, dass Sie sich mit möglichst vielen verschiedenen Textformaten vertraut machen. Weitere gängige Aufgaben sind die Ausgestaltung, Fortführung oder Ergänzung eines literarischen Ausgangstextes (und zwar im Hinblick auf narrative Texte, dramatische Texte und Filmskripte) oder das Verfassen eines Tagebucheintrags.

- **Beispiel: Leserbrief**
  Write a letter to the editor of The Guardian *in response to George Monbiot's article commenting on the possibility of implanting chips in pupils (cf. ll.16f.) and in one of the other groups mentioned.* (siehe 2007-11)
  Der Leserbrief ist im Grunde ein klassischer Kommentar, bei dem Sie zusätzlich die Konventionen eines formalen Briefes beachten müssen, d. h. Absender und Anschrift im Briefkopf sowie Anrede und Schlussformel. Sie müssen angeben, auf welchen Artikel Sie sich beziehen, und im Folgenden Ihren Standpunkt kurz, präzise und bestimmt (aber höflich) deutlich machen.
- **Beispiel: Persönlicher Brief**
  After a familiy meeting one of the "whispering women" referred to in lines 1f. writes a letter to her friend Indira telling her about Divorced Auntie's appearance. Write this letter. (siehe 2007-3)
  Im Gegensatz zum Leserbrief sollten Sie beim persönlichen Brief aufgrund des situativen Kontextes auf den Briefkopf mit Absender und Anschrift verzichten. Sprachlich ist ein persönlicher Brief natürlich sehr viel informeller als ein Geschäftsbrief. Besonders in diesem speziellen Fall ist es sinnvoll, viele Gefühlsausdrücke einzubringen.
- **Beispiel: Rede**
  Imagine you are head of the British Council in Germany and you give a talk to the teachers of a German school. Based on the given text and your background knowledge, write a speech that explains why learning English is one of the major targets for German pupils in the next 10 years. (siehe Übungsaufgabe 4)

Bei einer Rede handelt es sich um einen formalen Text, entsprechend gewählt müssen Sie sich ausdrücken. Beginnen Sie, indem Sie Ihre Zuhörer begrüßen und das Thema Ihrer Rede präsentieren. Ähnlich wie bei einem Kommentar versuchen Sie danach, Ihr Publikum von Ihrem Standpunkt zu überzeugen, indem Sie z. B. Beispiele und Fakten anführen. Diese entstammen wiederum dem Ausgangstext und sollten nach Möglichkeit durch weitere Hintergrundinformationen ergänzt werden. Setzen Sie außerdem gezielt Stilmittel ein, um eine höhere Wirkung zu erzielen. Am Ende fassen Sie Ihren Standpunkt nochmals kurz zusammen und bedanken sich für die Aufmerksamkeit.

- **Beispiel: Zeitungsartikel**
  A journalist from a British popular newspaper writes a comment describing the atmosphere in London. The article stirs up emotions, expresses disappointment at the way the Queen is handling the death of Diana and questions the monarchy in general. Write the journalits article and find a suitable headline. (siehe 2008-3)
  In diesem Beispiel für die Erstellung eines Zeitungsartikels sollen Sie einen Kommentar schreiben, bei dem Sie von der inhaltlichen Gestaltung her natürlich am besten unseren Hinweisen zum Operator „Comment" folgen. Darüber hinaus sollten Sie die markanten Besonderheiten der Zeitung als Ort der Veröffentlichung im Blick haben: Halten Sie sich kurz (die Begrenzung der Zeichenzahl ist typisch für journalistische Beiträge) und finden Sie eine Überschrift, die das Interesse der Leser weckt (bei einem Artikel für ein Boulevardblatt darf sie ruhig reißerisch sein). Am Ende des Artikels können Sie Ihre Initialen als Kürzel platzieren.
  Dies gilt sinngemäß auch für einen ‚Report' (Bericht über ein Vorkommnis) oder eine ‚News story' (Bericht mit zusätzlichen, möglichst spannenden Hintergrundinformationen). Im Gegensatz zum Kommentar sehen Sie hier natürlich von persönlichen Bemerkungen ab und konzentrieren sich vor allem auf Fakten.

- **Beispiel: Interview**
  After his speech in Springfield, Barack Obama is interviewed by a critical, conservative Illinois journalist about his concept of the American Dream and the changes resulting from it for American society. Write this interview. (siehe 2008-11)
  Bei einem Interview sollten Sie stets die Interessen und Persönlichkeit der beteiligten Personen im Auge behalten. Auch macht es Sinn, Überlegungen zu ihrem Sprachstil anzustellen und dem Dialog einen sinnvollen äußeren Rahmen zu geben – alles dies können Sie normalerweise aus dem zur Verfügung stehenden Ausgangstext ableiten. Im konkreten Beispiel sollten die Beiträge Barack Obamas ruhig und staatsmännisch wirken, während der Journalist eine eher kritische Grundhaltung hat (vgl. Aufgabenstellung). Wichtig: Da das besondere Wesen dieses Texttyps vor allem aus dem schnellen Wechselspiel aus Frage und Antwort resultiert, sollten Sie die einzelnen Gesprächsbeiträge nicht zu lang werden lassen.

- **Beispiel: Tagebucheintrag**
  Imagine you are a teacher at an African school that educates girls with Unicef money. Write an imaginative diary entry that sketches the major problems and prospects of the girls and the school. (siehe Übungsaufgabe 3)

Der Tagebucheintrag ist (wie der persönliche Brief) ein informeller und zudem sehr persönlicher Text. Diesem Sachverhalt sollten Sie durch die Wahl eines entsprechenden Sprachregisters Rechnung tragen. Außerdem gilt es, sich in die Rolle des Schreibers zu denken und dessen Gefühlszustand auszudrücken. Beachten Sie außerdem die thematischen Vorgaben aus der Aufgabenstellung. Im konkreten Beispiel sollen Sie die Probleme und Zukunftsaussichten der afrikanischen Mädchen und der Schule einbringen.

- **Beispiel: Kurzgeschichte**
  Write a short crime story from the point of view of someone who operates a CCTV. (siehe Übungsaufgabe 10)
  Beim Schreiben eines Erzähltextes sollten Sie sich zunächst darüber Gedanken machen, welcher Erzähler und welche Erzählperspektive für Ihr Vorhaben am besten geeignet sind. Haben Sie einen Entschluss gefasst, dann müssen Sie diesen konsequent umsetzen. Des Weiteren müssen Sie sich für ein Tempus entscheiden; dies wird in der Regel das Simple Past sein. Da Sie aufgrund der Kürze der Zeit immer nur eine „kurze Kurzgeschichte“ schreiben können, sollte die Handlung gleich mit dem ersten Satz beginnen. Beschreiben Sie dann das Setting, um eine zur Handlung passende Atmosphäre zu schaffen. Dies gelingt insbesondere durch den Gebrauch verschiedener Adjektive und Adverbien. Entwickeln Sie die Handlung konsequent bis zum Wendepunkt der Geschichte oder lassen Sie den Höhepunkt mit dem Ende zusammenfallen. Das Ende sollte idealerweise überraschend und/oder offen sein.
- **Beispiel: Dramatische Szene**
  Creative writing: Write an additional part to the scene in which Caesar's ghost appears. (siehe Übungsaufgabe 8)
  Beim Füllen von Leerstellen kommt es darauf an, dass sich Ihr Zieltext möglichst ohne Bruch an den Ausgangstext anfügt bzw. in ihn einfügt. Sie müssen also ggf. Übergänge schaffen und insbesondere darauf achten, dass das Verhalten der Figuren zur Textvorlage passt – dies schließt auch die Sprache mit ein. In unserem Beispiel handelt es sich um einen Dramentext, sodass Sie einerseits Repliken der Figuren und andererseits Regieanweisungen schreiben müssen. Die Regieanweisungen enthalten im Allgemeinen Angaben zu Ort und Zeit und geben Auskunft darüber, wie sich die Figuren auf der Bühne bewegen und wie sie sprechen – allerdings gilt dies bei einem Shakespearetext nur bedingt. Bei einem Erzähltext müssen Sie vor allem darauf achten, dass Sie die Erzählsituation des Ausgangstextes konsequent weiterführen.
- **Beispiel: Filmdrehbuch**
  Explain the first couple of shots you would use to begin a "Fahrenheit 451" film.
  Auch wenn hier der Operator „write“ nicht vorkommt, geht es doch um ein kreatives Verfahren. Sie sollen den Ausgangstext in ein Filmskript umwandeln und die ersten Einstellungen beschreiben. Zur Vorbereitung sollten Sie ein so genanntes Storyboard anlegen, in dem Sie sich für jede Einstellung Notizen zu den folgenden Kategorien machen: *intended effect, setting, characters/action, dialogue, camera (field size, movement, position, angle), sound/music, lighting.* Überlegen Sie zunächst, welche Wirkung Sie mit der jeweiligen Einstellung erzielen wollen, und

stellen Sie dann sicher, dass Ihre Eintragungen in den anderen Kategorien diesen Effekt auch tatsächlich hervorbringen. Nach dieser Vorarbeit gilt es, diese Tabelle unter Verwendung entsprechender Fachtermini zu versprachlichen.

4 Welches Grundwissen benötige ich?

Zur erfolgreichen Anfertigung einer Zentralabiturklausur benötigen Sie vor allem methodische, inhaltliche und sprachliche Kompetenzen.

Methode: Weiterführende methodische Übungen finden Sie in dem Band *Training Englisch – Grundlagen, Arbeitstechniken und Methoden* (Best.-Nr. 944601) des Stark Verlages. Erfahrungsgemäß besteht ein unbedingter Übungsbedarf im Hinblick auf den zweiten Aufgabentyp. Die einschlägigen Methoden zur Textanalyse, aber auch zum Schreiben kreativer Texte können Sie sich besonders einprägsam mithilfe der Multimedia-CD-ROM *My Baby's Bracelet by Edwina Dakin – Interaktive Lernsoftware* erarbeiten. In diesem interaktiven Theaterstück wird neben kommunikativen Übungen besonderer Wert auf die Stilmittelanalyse und das so wichtige Einüben von Zitier- und Belegtechniken gelegt (**www.digital-edutainment.com**).

Inhalt: Es ist sicher empfehlenswert, zu jedem der fünf Themengebiete eine Zusammenfassung der im Unterricht erarbeiteten Inhalte anzufertigen – praktikabel ist ein Umfang von ca. zwei bis vier Seiten. Gute Anregungen und Hintergründe finden Sie in den nachfolgenden Beispielklausuren und u. a. in den Büchern „Abitur-Wissen Englisch: Landeskunde Großbritannien" (Best.-Nr. 94461), „Abitur-Wissen Englisch: Landeskunde USA" (Best.-Nr. 94463) oder „Kompakt-Wissen Englisch: Landeskunde, Literatur" (Best.-Nr. 90463) des Stark Verlages.
Wir haben gute Erfahrungen damit gemacht, wenn Schüler ihre Zusammenfassungen mit einigen kurzen Zitaten oder wichtigen Daten „ausschmücken", die **nicht** aus dem Unterricht stammen – wenn Sie ein paar davon in Ihre Abiturklausur einbringen können, wertet das Ihre Arbeit u. U. deutlich auf. Achten Sie darauf, dass Sie in einem solchen Fall eine Quelle angeben.
Im Hinblick auf das moderne amerikanische Drama und den American Dream bietet das oben empfohlene Selbstlernprogramm von digital-edutainment.com eine wertvolle Ergänzung zum Oberstufenunterricht.

Sprache: Zur zusätzlichen sprachlichen Schulung empfehlen wir die beiden Bücher „Abitur-Training Englisch: Themenwortschatz" (Best.-Nr. 82451) und „Abitur-Training Englisch: Grammatikübung" (Best.-Nr. 82452) des Stark Verlages.

5 Wie baue ich eine Analyse auf?

Viele Schüler beginnen bereits mit dem Schreiben, wenn Sie die Aufgaben lesen – obwohl man Ihnen wahrscheinlich schon viele Male gesagt hat, dass dies nicht sinnvoll ist. Andere machen zuerst eine Materialsammlung und schreiben dann. Oft denken diese Schüler dann, ihr Text habe eine gute Struktur, während der Lehrer diese Auffassung nicht teilt. Dies liegt oft nicht einmal am Fehlen der Struktur, sondern daran, dass der Lehrer sie nicht erkennen kann. Versuchen Sie also, dem Korrigierenden das Auffinden der Struktur zu erleichtern – sie muss ihm geradezu ins Auge springen. Wenn der Korrigierende bereits zu Beginn des Lesens weiß, was Sie sagen wollen, wird er Ihre Ausführungen besser verstehen.
Folgen Sie also der nachstehenden Regel:

> Schreibe, was du schreiben willst;
> schreibe es;
> schreibe, was du geschrieben hast,
> aber wiederhole dich nicht.

Das heißt, dass es ein einfaches dreiteiliges Muster für einen „**wohlstrukturierten** **Text**" gibt. Sie können dieses Muster insbesondere bei den analytischen Antworten (Aufgabe 2) oder bei den persönlichen Stellungnahmen (Aufgabe 3.1) anwenden.

Teil 1 – Einleitung

Denkbar ist, dass Sie mit einem **Teaser** beginnen, d. h. mit einem spannenden Sachverhalt, der Interesse für das Thema weckt. Danach sollten Sie die Hauptaussagen Ihres Textes zusammengefasst darstellen – etwa in Form einer **These**. Arbeiten Sie also getreu dem Motto „das Wichtigste kommt zuerst" (auf Englisch sagt man: „First things first."). Hier ein Beispiel aus einer Musterklausur zu William Shakespeares *Julius Caesar* (Übungsaufgabe 8). Die Aufgabe besteht darin, die politische Wirksamkeit einer Rede am Grab des ermordeten römischen Kaisers zu analysieren:

> *The speech Mark Antony delivers at Caesar's funeral is very effective, because it changes the personal sentiments of the audience in regard to Caesar's behaviour and thus changes the political situation.*

Wenn Sie sicher sein wollen, dass Sie „das Wichtigste" auch erfasst haben, greifen Sie bei der Formulierung der Hauptaussage einfach die Formulierung der Arbeitsanweisung auf.
Viele Schüler machen den Fehler, dass sie das eigentliche Ergebnis ihrer Arbeit erst am Ende präsentieren. Das wirkt dann so, als hätten sie es beim Schreiben herausgefunden (manchmal stimmt das ja sogar). Ein guter Tipp: Wenn Sie Ihr Hauptergebnis beim Schreiben der Einleitung wirklich noch nicht kennen, lassen Sie einfach eine halbe Seite frei und schreiben Sie diesen Teil zum Schluss.
An die Hauptaussagen Ihres Textes sollte sich eine so genannte **Vorgliederung** anschließen. Sie zählen auf, welche Teilergebnisse Sie zu Ihrem Hauptergebnis geführt haben. So weiß der Lehrer, was ihn im Folgenden erwartet. Viele Schüler gestalten das wie eine Versuchsbeschreibung:

In order to show how Mark Antony discredits Brutus' critical point of view I will show how direct address repetition and antithesis are used in the text. Finally I will prove that imagery also contributes to the effect of the speech and I will have a look on how Mark Antony's positive judgement of Caesar is put forward.

Besser ist es allerdings, eine solche Vorgliederung direkter und sachbezogener zu formulieren:

Stylistic devices such as direct address, repetition, antithesis, rhetorical question and imagery all contribute to discredit Brutus' critical point of view. At the same time Mark Antony's positive judgement of Caesar is put forward.

Teil 2 – Hauptteil

In der Reihenfolge Ihrer Vorgliederung sollten Sie nun die von Ihnen genannten **Aspekte abarbeiten**. In unserem Beispiel wurde als Erstes die Art der Publikumsansprache („direct address") als stilistisches Mittel angeführt. Der Anfang des Hauptteils könnte also folgendermaßen aussehen:

Mark Antony begins his speech with a direct address. The ascending scale of the climax makes every person in the audience feel included.

Diese und jede weitere Ihrer Behauptungen sollten Sie mithilfe von Textstellen und Zitaten belegen:

The address broadens from only refering to a small group of people, "the friends" (l. 35), to everyone, "the countrymen" (l. 36). […]

Jeder **Analyseabschnitt** sollte ins Detail gehen. Zu jedem Teilaspekt sollten Sie also mehrere Sätze schreiben. Am besten machen Sie nach jedem Teilaspekt Ihrer Analyse einen Absatz, um die Struktur Ihres Textes zu kennzeichnen. Verwenden Sie *connectives* (Strukturwörter) wie z. B. „additionally", „furthermore" oder auch „in contrast to", um die Absätze logisch zu verbinden.

Teil 3 – Schluss

Der Schluss fasst die Ergebnisse zusammen. Oft wird noch ein zusätzlicher Aspekt eingebracht, der die vertretenen Auffassungen in ihrer Gesamtheit bestätigt:

All in all, the speech is very convincing due to the well-structured argumentation and clever usage of stylistic devices. Mark Antony succeeds in capturing the citizens' attention and finally in changing their attitudes. Shakespeare confirms the political effect of the mourning by the statement of one listener, who evaluates the significance of Mark Antony's speech and thus preforms the reaction of the Elisabethan audience: "Methinks there is much reason in his sayings" (l. 73).

Alternativ können Sie eine sachliche Bemerkung anfügen oder einen Ausblick in die Zukunft wagen.

6 Wie argumentiere ich sachgerecht am Text?

Ihre methodischen Fähigkeiten bei der Textanalyse spielen eine zentrale Rolle für die Qualität Ihrer Leistung. Um sachgerecht am Text zu argumentieren, ist es entscheidend, dass Sie Ihre Auffassungen mithilfe von Verweisen und Zitaten belegen.

7 Wann und wie verwende ich Textverweise?

Ein bloßer Textverweis reicht immer dann aus, wenn sich die Bestätigung für Ihre Auffassung ohne nähere Erläuterung aus dem Material ergibt, wenn Sie also nur zeigen wollen, auf welche Stelle Sie sich konkret beziehen und woher Sie Ihre Informationen nehmen. In diesem Fall stehen Ihnen eine kurze und eine lange Form des Textverweises zur Auswahl:

To disconcert the audience in their blind trust in Brutus, Marc Antony additionally uses several rhetorical questions (l. 53, l. 60).
To disconcert the audience in their blind trust in Brutus, Marc Antony additionally uses several rhetorical questions such as in line 53 or line 60.

Etwas komplizierter wird es, wenn Sie sich auf eine Stelle beziehen, die sich über mehrere Zeilen erstreckt. Hier müssen Sie bei den Zeilenangaben die Pluralformen verwenden:

(ll. 53/54) oder bei mehr als zwei Zeilen *(ll. 53–56)*
lines 53/54 oder bei mehr als zwei Zeilen *lines 53–56*

Wenn Sie (zusätzlich) Seitenzahlen angeben müssen, verwenden Sie die Abkürzungen „p." oder „pp." und beachten Sie bei der langen Form, dass es stets „on page" bzw. „on pages" heißt. Bei Zeitungsartikeln benötigen Sie manchmal den Begriff „column" (Spalte). Beziehen Sie sich mehrfach hintereinander auf dieselbe Textstelle, so schreiben Sie „ibid" oder „ibid." (genau an derselben Stelle).

8 Wie zitiere ich?

Beim Zitieren gibt es zwei grundlegende Vorgehensweisen. Entweder binden Sie das Zitat in einen Ihrer Sätze ein oder Sie zitieren einen vollständigen Satz, der dann für sich alleine steht und damit aus dem Fließtext ausgegliedert wird. Die Zitate sollten im ersten Fall höchstens eine bis eineinhalb Zeilen lang sein, im zweiten Fall höchstens drei bis vier Zeilen. Sie müssen jedes Zitat mit Hochkomma beginnen und abschließen. Wichtig: Im Englischen stehen die „Gänsefüßchen" ausschließlich oben, auch vor dem "Zitat".

Einbindung: Bei der Einbindung eines Zitats in Ihren persönlichen Text ist es entscheidend, dass sich aus Ihren eigenen und den zitierten Worten eine **grammatikalisch und inhaltlich** richtige **Gesamtkonstruktion** ergibt:

Marc Antony additionally uses several rhetorical questions (ll. 53, 60) and ironically refers to the murderer as "an honourable man" (ibid.) several times.

Ob Sie korrekt gearbeitet haben, können Sie ganz einfach prüfen, indem Sie sich vorstellen, der ganze Satz wäre von Ihnen: Ergibt er einen Sinn?
Um fremde und eigene Textteile anzupassen, dürfen Sie das Zitat kürzen, ergänzen oder verändern. Wenn Sie das tun, müssen Sie dies jedoch unbedingt kennzeichnen. Eine gängige Möglichkeit ist z. B., dass Sie die Stellen, die Sie weglassen, durch eckige Klammern ersetzen.
Erweiterungen oder Veränderungen umschließen Sie dagegen mit runden Klammern:

Marc Antony additionally uses several rhetorical questions (ll. 53, 60) and ironically refers to the murderer as "[...] honourable [...]" (ibid.) several times.

bzw.

Marc Antony additionally uses several rhetorical questions (ll. 53, 60) and ironically refers to the murderer as "(being) honourable [...]" (ibid.) several times.

So können Sie jedes Zitat an Ihren Text anpassen. Als Faustregel gilt jedoch: je weniger Veränderungen, desto besser.

Ausgliederung: Soll ein Zitat für sich alleine stehen, muss ihm eine Einleitung vorangestellt werden. Am Ende dieser Einleitung steht immer ein Doppelpunkt. Die Einleitung gibt eine Information über den Ursprung des Zitats, insbesondere über den Urheber und den Zusammenhang, aus dem die zitierte Passage stammt. Im folgenden Beispiel wird im Rahmen des einleitenden Satzes sogar eine inhaltliche Zusammenfassung des Zitats gegeben.

Marc Antony directly asks the audience to justify their feelings and behaviour towards their former leader: "You all did love him once, not without cause: / What cause withholds you, then, to mourn for him?" (ll. 66/67).

Im Anschluss an ein für sich alleine stehendes Zitat ist es wichtig, dass Sie auch mit dem gewählten Textabschnitt arbeiten, d. h. dass Sie das Zitat ausführlich interpretieren, es „ausdeuten". Wie eine solche Ausdeutung aussehen kann, können Sie in den Lösungsvorschlägen zu den Beispielklausuren nachlesen.

Abiturprüfung NRW – Englisch Grundkurs: Aufgabe 1
British and American traditions and visions

Aufgabentyp: *Sach- und Gebrauchstext, A 1 (Textaufgabe mit analytisch-interpretierendem Schwerpunkt)*
Unterrichtsinhalte: *American traditions and visions, The American Dream, moral issues; interview; comment*

Mildred Olmstead: I Always Wanted by Studs Terkel

We met accidentally at a railway station. She lives in a small farm town outside Cleveland. She works for a wholesale bookseller. Her husband is a middle manager. They have four children, two in college.

I always wanted to be rich, and I really didn't care how. Just to have a lot of money, because we never had a lot. You always want what you don't have.

The American Dream is good. It's one of the things that keep people going. Anybody can do it, can make it. If you didn't have your dream, you'd just give up. People have always got this great idea that's going to hit. You know they're never going to make it, but the dream keeps them alive.

My husband's younger brother is like that. He's always got a scheme. He doesn't believe in working every day. That's not how you do it. Tomorrow he's going to be a millionaire. If he ever lost that, there would be nothing left.

Everything came easily to him. He always just kind of fell into things. That's the way he lives now. He lives by his wits, he's always out hustling somebody. He's got a car wash he runs. Doesn't have the proper drainage, doesn't pay his water bill. He knows someday he's going to make it, there's no doubt in his mind. I don't think he will. He's too gullible. He falls for the fast talkers. Fast people get taken by someone that's a little faster.

He was the golden-haired boy. He was the one that had everything. Everybody liked him. He had a way with words and could get most anything out of anybody. Something went wrong.

When something goes wrong, it's always somebody else's fault. Has he been taken? Yeah. He always seems to get around the wrong kinds of people. Just on the edge of being in jail. But with all the little failures along the way, he's still scheming to make it big. He told my husband: "In the chess game of life, I'm two moves away from making it." He picked it up from one of those success magazines. He subscribes to them. He sees them advertised on television: How to become a millionaire in twenty days or something.

I'm afraid that one of these days he's going to become very embittered. My husband thinks he's getting really paranoid about "them". *(399 words)*

Aufgabenstellung

1. Explain how the American Dream rules the interviewee's brother-in-law's life as described in the narrative interview.
2. Analyse how grammatical text elements and stylistic devices are used to present personal experience as well as stereotypes.
3. Taking the text into account, state your personal opinion on Mildred Olmstead's idea that the "American Dream is good" (l. 6).

Lösungsvorschläge

1. *Grundkompetenzen: comprehension/orientation/context*
Sie sollen in dieser Teilaufgabe zeigen, dass Sie den Text verstanden haben, indem sie die Informationen zu Mildred Olmsteads Schwager herausfiltern. Insbesondere sollen Sie auf der Basis Ihres Wissens zum American Dream kritisch beleuchten, wie dieser Traum das Leben des Mannes beeinflusst. Dabei sind positive und negative Effekte zu unterscheiden.
– he derives hope from the American Dream and it drives him on
– he chooses the wrong way to earn money quickly
– the dream is his only motivation and he might get bitter and frustrated
Wünschenswert ist die Feststellung, dass die negativen Auswirkungen überwiegend auf ein falsches Verständnis des amerikanischen Traums zurückzuführen sind.

Mildred Olmstead's brother-in-law strongly believes in the concept of the American Dream and his whole existence has been dominated by chasing his vision of a better life. The national myth allows him to dream of freedom and prosperity, but it has harmful effects, too. The person described becomes totally dependent on his ideas and gets involved in criminal activities.
A key feature of the American "Pursuit of Happiness" is the claim that success can be achieved by everyone. From this principle the interviewee's brother-in-law derives his hope in life – "it's one of the things that keep (him) going" (l. 6). Every day he feels that he has got the possibility of succeeding. Therefore, he constantly develops new business ideas (l. 10) and keeps on launching plans (ll. 24/25). Even setbacks and failures do not stop him from clinging to his vision of becoming a successful businessman because he firmly believes that he is just "two moves away from making it" (ll. 25/26). In this context, the image of the self-made man stands for wealth and personal freedom. He is the archetype of a person who has achieved everything by himself and is not limited by society – he creates his own destiny. The interviewee's brother-in-law wants to follow this role-model of a successful businessman, which is illustrated by the fact that he subscribes to "success magazines" (ll. 26/27). Unfortunately, Mr Olmstead's work ethic does not comply with the basic standards (ll. 10/11) and his business does not fully match legal requirements (ll. 14/15). The fact that he sails close to the

wind makes clear that he has partly misunderstood the American Dream. Whereas the national myth only promises prosperity to those who work hard and who are honest, Mr Olmstead is frequently "on the edge of being in jail" (ll. 23/24). The interviewee's brother-in-law is totally dependent on his "Pursuit of Happiness". According to Mildred Olmstead, success is his sole aim in life (l. 12) and therefore the danger of becoming "embittered" (l. 29) is rather great. *(326 words)*

2. *Grundkompetenz: analysis*
   Anhand der Sprache des Textes sollen Sie herausarbeiten, dass Mildred Olmstead ihre persönlichen Erfahrungen und die ihres Bruders nutzt, um daraus allgemeine Schlussfolgerungen hinsichtlich des American Dream zu ziehen. Die Interviewte verwendet gezielt die Subjekte „I" und „he", wenn sie ihre eigenen Beobachtungen beschreibt. Auf dieser Basis nimmt sie Generalisierungen vor, die durch die Worte „they" bzw. „people" gekennzeichnet sind. Die parataktischen Satzstrukturen (Verwendung von Hauptsätzen ohne Nebensätze) sowie parallele grammatikalische Muster erwecken den Eindruck, dass Frau Olmsteads Verallgemeinerungen logisch richtig sind.
   - *she uses different subjects for personal experiences and for general recognition*
   - *short paratactic sentences and parallelisms support factual correctness (ll. 10–13, 14–18)*
   - *parallel sentence structures convey the impression that her generalisations are valid (ll. 6/7)*

   Durch die Verwendung von If-Sätzen wird die Bedeutung des nationalen Mythos für alle Amerikaner herausgestellt, obschon sich Mildred Olmstead selbst von dem Trugbild distanziert, indem sie negativ besetzte Adjektive und Adverbien verwendet.
   - *if-clauses emphasize the importance of the dream for the people (l. 7, l. 12)*
   - *evaluating adjectives and adverbs show Mildred Olmstead's scepticism*

Personal experience and stereotypes concerning the American Dream are grammatically separated by the usage of different subjects. At the same time, however, Olmstead sees a close connection between the fate of individual people and the constant renewal of the national myth, which she expresses by generalisations, parallel sentence structures and if-clauses. Finally she uses evaluating adjectives and adverbs to qualify the positive picture she draws.
When Mildred Olmstead talks about her own experience or about situations her brother has encountered, she uses the subjects "I" (l. 4) and "he" (ll. 10–17, ll. 22–28). As soon as the interviewee refers to stereotypes, she talks about "people" and "you" (ll. 5–9). In this context especially, her brother-in-law serves as a prime example of how many citizens feel about the American Dream. "He" is among those who "have always got this great idea that's going to hit" (l. 8). In other words: HE stands for many PEOPLE. Mildred Olmstead's statements concerning the common belief in economic success have an apodictic tone, which is brought about by hypotactic sentence structures. There is no doubt that she is telling the truth (ll. 10–12, 13–18).

It is noticeable that the interviewee draws general conclusions from personal experience. One example can be found in the first few lines when she expresses her own desire to be rich. She states that she has never been rich before and then deduces at once that "you always want what you don't have" (l. 5).
The conspicuous usage of parallel sentence structures conveys the impression that Mildred Olmstead's generalisations are valid. The short, simple sentences all support matter-of-factness, and the straightforwardness shows that no other verdict is possible. This impression is furthered by the fact that – except for the subjects – there is no marker that separates personal experience and stereotype. To a certain extent the two merge and seem to be the same thing. The American Dream is not a personal but a general phenomenon.
The interviewee recognises that the "Pursuit of Happiness" has become the guideline for many people's lives, in spite of the fact that its fulfilment seems impossible. This is indicated by her usage of if-clauses in lines seven and twelve, which both insinuate that the most important thing is to have a vision at all.
Mildred Olmstead has to admit that the American Dream is a utopia – it is something that people like her brother cannot fully understand and yet trust and believe in. Evaluating adjectives and adverbs such as "easily" (l. 13), "wrong" (l. 21) and "too gullible" (l. 17) emphasise the negative aspects of the national myth – life is not a dream and reality is different from what people believe the American Dream to be. Of course, there are people who have managed to become millionaires from nothing, but they remain an exception. *(460 words)*

3. *Grundkompetenzen: evaluation/comment*
Hier wird Ihre persönliche Stellungnahme zum American Dream eingefordert. Die Widersprüchlichkeit des Erfolgstraumes liefert die Basis für ein allgemeines Urteil. Hintergrundwissen zur amerikanischen Gesellschaft wird vorausgesetzt – Vergleiche mit der deutschen Kultur sind möglich. Sie könnten beispielsweise auf folgende Aspekte eingehen:
– hope brings about dependency
– ambition leads to absolute competition
– respect, self-confidence and equality are the potentials of the dream
Methodisch werden eine klare Gliederung nach dem Muster eines argumentativen Texts sowie eine präzise Abgrenzung zwischen Textbezug und eigener Meinung erwartet.

When Mildred Olmstead asserts that the "American Dream is good" (l. 6), she means that it spurs people on to succeed in life. I can only partly agree with her statement because the American Dream also brings about negative effects, such as dependency, materialism and absolute competition. To my mind they outweigh the positive effects such as respect, self-confidence and equality.
There is nothing wrong with aspiring to be successful and wealthy, but this idea should not be the main focus of one's life as it risks leaving a dangerous vacuum once the dream is shattered. Especially poorer people for whom the dream will probably never come true might experience a feeling of failure and worthlessness

even though they have great qualities. A person may not be successful in terms of money, but their friendliness and helpfulness may still account for success in marriage, family or friendship, which I believe to be as important as economic success.

In fact "family" has always been part of the nation's dream. The traditional American family used to be characterised by a strong feeling of belonging together and it could be considered a competent social network. Nowadays, however, in many families financial success and economic influence play a larger role than family ties – the dream has lost an important social component.

Ambition has made life a rat race that is dominated by absolute competition among colleagues. This may result in people being hounded out of their jobs because they pose a threat to somebody else's success. People who merely strive for more will always search for ways to promote themselves and possibly go astray – either by acting immorally or by breaking the law like Mildred Olmstead's brother-in-law.

Though I cannot deny that competition can have positive effects, I personally do not like the idea of always having to be a cut above everybody else. As the interviewee puts it "(f)ast people get taken by someone that's a little faster". Absolute competition plays a major role in the American Dream, but it is a value that I do not hold very highly and do not agree with as it eventually leads to a dog-eat-dog society.

A positive effect of the American Dream is the respectful attitude towards those who have reached their goals – may it be during school or college, in the business world or in the sports sector. By contrast in Germany pupils at school are called names simply if they get excellent marks. It calls forth envy and disrespect whereas in America a successful pupil is admired.

What I additionally believe to be good about the American Dream is the fact that it encourages people to believe in themselves and to try to become successful. If you set yourself a personal target, the accomplishment of this aim can be very fulfilling.

Moreover, the young generation is taught that everybody is equal and has got the same opportunities to become successful. According to the dream, a black boy from the ghetto can become just as wealthy or famous as a rich white boy, if he uses his opportunities well. Even though we can doubt that racial equality actually exists, there is at least equality in hope. Black and white people can hold on to their dreams and the chance of having a better life – just as it is described in the narrative interview. The dream helps people endure crises because they have the prospect of the tide turning again.

All in all it becomes clear that the American Dream in itself "is good" (l. 6) – especially as it potentially furthers respect, self-confidence and equality – but that it is sometimes pushed too far. Hope can turn into dependency, ambition may motivate ruthlessness and eventually lead to criminal activities. *(630 words)*

Abiturprüfung NRW – Englisch Grundkurs: Aufgabe 2
British and American traditions and visions

Aufgabentyp: *Literarischer Text, A 1 (Textaufgabe mit analytisch-interpretierendem Schwerpunkt)*
Unterrichtsinhalte: *American traditions, the American Dream, love; plays; comment*

All My Sons by Arthur Miller

CHRIS: She's not Larry's girl.

KELLER: From Mother's point of view he is not dead and you have no right to take his girl. [*Slight pause.*] Now you can go on from there if you know where to go, but I'm tellin' you I don't know where to go. See? I don't know. Now what can I do for you?

CHRIS: I don't know why it is, but every time I reach out for something I want, I have to pull back because other people will suffer. My whole bloody life, time after time after time.

KELLER: You're a considerate fella, there's nothing wrong in that.

CHRIS: To hell with that.

KELLER: Did you ask Annie yet?

CHRIS: I wanted to get this settled first.

KELLER: How do you know she'll marry you? Maybe she feels the same way Mother does?

CHRIS: Well, if she does, then that's the end of it. From her letters I think she's forgotten him. I'll find out. And then we'll thrash it out with Mother? Right? Dad, don't avoid me.

KELLER: The trouble is, you don't see enough women. You never did.

CHRIS: So what? I'm not fast with women.

KELLER: I don't see why it has to be Annie.

CHRIS: Because it is.

KELLER: That's a good answer, but it don't answer anything. You haven't seen her since you went to war. It's five years.

CHRIS: I can't help it. I know her best. I was brought up next door to her. These years when I think of someone for my wife, I think of Annie. What do you want, a diagram?

KELLER: I don't want a diagram … I – I'm – She thinks he's coming back, Chris. You marry that girl and you're pronouncing him dead. Now what's going to happen to Mother? Do you know? I don't! [*Pause.*]

CHRIS: All right, then, Dad.

KELLER [*thinking* CHRIS *has retreated*]: Give it some more thought.

CHRIS: I've given it three years of thought. I'd hoped that if I waited, Mother would forget Larry and then we'd have a regular wedding and everything happy. But if that can't happen here, then I'll have to get out.

KELLER: What the hell is *this*?

CHRIS: I'll get out. I'll get married and live some place else. Maybe in New York.

KELLER: Are you crazy?

CHRIS: I've been a good son too long, a good sucker. I'm through with it.

KELLER: You've got a business here, what the hell is this?

CHRIS: The business! The business doesn't inspire me.

KELLER: Must you be inspired?

CHRIS: Yes. I like it an hour a day. If I have to grub for money all day long at least at evening I want it beautiful. I want a family, I want some kids, I want to build something I can give myself to. Annie is in the middle of that. Now … where do I find it?

KELLER: You mean – [*Goes to him.*] Tell me something, you mean you'd leave the business?

CHRIS: Yes. On this I would.

KELLER [*after a pause*]: Well … you don't want to think like that.

CHRIS: Then help me stay here.

KELLER: All right, but – but don't think like that. Because what the hell did I work for? That's only for you, Chris, the whole shootin' match is for you!

CHRIS: I know that, Dad. Just you help me stay here.

KELLER [*putting a fist up to* CHRIS'S *jaw*]: But don't think that way, you hear me?

CHRIS: I am thinking that way.

KELLER [*lowering his hand*]: I don't understand you, do I? *(597 words)*

l. 1 Larry = Chris' dead brother
l. 52 whole shootin' match = coll.: the whole damned thing

Aufgabenstellung

1. Explain why time is important in this scene.

2. Analyse how the author uses stylistic devices in order to present the differences in the two main characters' hopes and aspirations and to illustrate the conflict between father and son.

3. "The power of love is the most important motif of literature".
Comment by referring to the text and to other texts of your choice.

Lösungsvorschläge

1. *Grundkompetenzen: comprehension/orientation/context*
   In Ihrer Antwort zu dieser Frage sollten Sie zeigen, dass die Ereignisse, auf denen die Szene basiert, weit zurückliegen, aber dennoch direkte Auswirkungen auf die gegenwärtige Situation der Charaktere und ihr Verhalten haben.
   - *Chris has not seen Annie for five years (l. 23) but they have exchanged letters (l. 15/16)*
   - *he has thought about his decision to propose to Annie for three years (l. 32)*
   - *despite the period of time that has elapsed Mrs Keller is not willing to accept Larry's death*
   - *Chris knows that his mother will oppose his marriage plans (ll. 32–34)*

   In Chris' Verhalten deutet sich ein Bruch an: Er ist offensichtlich nicht mehr bereit, seine Wünsche hinter den Bedürfnissen anderer zurückzustellen, und bittet seinen Vater um Unterstützung.

In this excerpt of Arthur Miller's play *All My Sons,* time plays a significant role because it becomes clear that the events leading to this scene took place a long time ago and yet still affect the characters.

Chris, one of the sons mentioned in the play's title, believes his life to be ruled by conflicts occurring "time after time after time" (ll. 7/8). Usually these conflicts arise whenever Chris's interests clash with other people's feelings. Because he is "considerate" (l. 9) he takes care that nobody else gets hurt, and instead suffers himself (ll. 6–8).

In this scene, Chris no longer wants to consider other people's sentiments. After "three years of thought" (l. 32) he has decided to propose to Annie, a girl that was formerly in love with his brother Larry, who died in the war. It took Chris such a long time to give his love a chance, because he acknowledges the pain this may inflict on his mother (ll. 32–34). In her eyes, Annie stays "Larry's girl" forever (l. 1).

The relationship between Chris and Annie seems to be based on common childhood memories and a rather loose contact after Larry's death. Chris claims he "was brought up next door to her" (l. 24) but he has not seen Annie for five years (ll. 22/23). However, they seem to write to each other regularly (ll. 15/16).

Chris wants to spend his entire future with Annie. Thus, he finally dares to reveal his plans to his father. "These years when I think of someone for my wife, I think of Annie" (ll. 24/25), he explains to him and hopes that his dad will help him to persuade his mother. *(281 words)*

2. *Grundkompetenz: analysis*

Zeigen Sie zunächst kurz, worin der Konflikt zwischen Vater und Sohn besteht.

– Mr Keller gives priority to economic success whereas Chris puts his future family first

Danach müssten Sie erläutern, wie dieser Konflikt sprachlich und dramaturgisch umgesetzt wird. Dabei sollten Sie erkennen, dass sich die unterschiedlichen Werte der beiden Charaktere vor allem in unterschiedlichen Sprach- und Argumentationsmustern widerspiegeln.

– Anaphoric structures emphasise Chris' commitment and resistance (ll. 40–45)

– Chris contrasts his father's way of life and his own ideas (ll. 42/43)

Chris' Standpunkt steht fest; er ist unbeirrbar. Das drückt sich in seiner ruhigen, wiederholenden, aber gleichzeitig sehr bestimmt wirkenden Sprache aus.

– his speech is marked by repetitions (ll. 50–52)

– his statements are apodictic and allow no contradiction (ll. 1, 21, 24)

– he stays calm

Im Gegensatz dazu ist Chris' Vater sehr emotional. Seine Sprache ist von umgangssprachlicher Intensität und drückt Ratlosigkeit aus. Keller muss im Laufe der Diskussion erkennen, dass er seinen Lebenstraum nicht auf seinen Sohn übertragen kann.

– he uses colloquial exclamations (l. 35)

– his insecurity is underlined by his questions (ll. 37, 41)

Seine Hilflosigkeit wird weiter durch widersprüchliche Äußerungen (ll. 3/4, 22) und seinen Versuch, das Thema zu wechseln, untermauert (l. 27). Letztendlich muss Keller sich aber eingestehen, dass er seinen Sohn nicht versteht (l. 56).

Durch die Bühnenanweisungen wird die steigende Spannung zwischen beiden Charakteren noch deutlicher. Zunächst wirkt die Pause (l. 29) noch wie eine Annäherung, aber dann spitzt sich der Konflikt zu.

– Keller threatens his son (l. 54), his body language shows both his aggression and weakness

The conflict between Chris Keller and his father arises from their contrasting aspirations. The differences between their dreams become visible in the different styles of argumentation – one mirroring confidence and stability, the other showing insecurity and loss of illusion. Furthermore, Miller employs dynamic stage directions as a means of drama to illustrate the clash.

In the excerpt, Chris explains his refusal to sacrifice his private life for the sake of his father's company. He feels that "(he has) been a good son too long" (l. 38) and decides that the time has come to put his own interests first. The protagonist's commitment to marry Annie is underlined by the anaphoric sentence structures which are used in crucial parts of his argumentation. His plans seem entirely clear to him when he states: "I want a family, I want some kids, I want to build something I can give myself to" (ll. 43/44). The same construction is used to stress that Chris' plans form a strong contrast to his father's values. He simply does not share his dad's focus on "business" (l. 40). Chris underlines his point of view by using words with a negative connotation in order to describe his father's attitude towards life – by contrast the terms that describe Chris' attitude are all positive (ll. 42–44).

The protagonist argues calmly and answers all of his father's questions in a matter-of-fact style. His replies are precise, allowing no contradiction. One example is the manner in which he states that "(Annie)'s not Larry's girl" (l. 1). This line has an apodictic tone, which is kept during the entire conversation (ll. 21, 24). In some parts of the dialogue the repetitive character of Chris' statements insinuates that he becomes increasingly stubborn in his attempt to overcome his father's pressure: instead of elaborating his answers or reformulating them, he simply gives the same replies again and again, for instance in lines 50 and 52.

As opposed to his son, Keller is a man who gives priority to economic success. He is a successful businessman and one can assume that he possesses considerable wealth. After having fulfilled his own dream he now wants his son to follow him and to take over his business. However, Keller has to realise that the business that is so important to himself does not play any major role in Chris' future plans. His failure to transfer his dream to his son is underlined by his recurring use of colloquial exclamations. Especially his repeated outcries (ll. 35, 41) stress his inability to understand Chris' values. This impression is reinforced by his rhetorical question concerning his son's mental health (l. 37). Obviously, Chris' resolution to pursue his own idea of happiness leaves Keller helpless. He tries to change the topic (l. 27) and he makes contradictory statements (l. 22), which symbolize his confusion.

Chris' threat to move away and leave Daddy Keller's business leads to the emotional climax of the discussion. Anger and resignation are tangible when the father reveals that his whole life will be lost if Chris does not further his ideals: "[…] what the hell did I work for? That's only for you, Chris, the whole shootin' match is for you!" (ll. 51/52).

Arthur Miller's stage directions serve to underline the tension that is built up in the course of the dialogue. The actions depicted correspond to the rising conflict between Keller and his son. At first sight the pause at the beginning of the scene (l. 29) seems to be an indication that a basic understanding between the characters is possible. The father believes that the conflict is settled and that "CHRIS has retreated" (l. 31), which turns out to be a vain hope.

When Keller realises that his heir would rather give up the business than Annie, he moves closer towards him (l. 46). The metaphorical stage action illustrates Keller's fear of losing his son and also shows his aggressiveness. The following pause (l. 49) creates even greater tension, which climaxes in Keller "putting a fist up to Chris' jaw" (l. 54). This gesture reveals how intense the discussion has become and it shows that the antagonist is close to losing control. When "lowering his hand" (l. 56) again, the father has finally realised that not even physical violence will change his son's mind.

At the end, Keller is at a complete loss. His body language reveals his weakness and he has to admit that he does not understand Chris at all (l. 56). *(753 words)*

3. *Grundkompetenz: evaluation*
Sie sollen zu der vorgegebenen These begründet Stellung nehmen. Dabei gilt es zu zeigen, dass die Liebe in dem vorliegenden Textauszug ein handlungsauslösendes Element (Leitmotiv) ist.
- *Chris' actions are based on his love for Annie*
- *he stops being considerate and puts his own happiness, which depends on his love for Annie, first*
- *his idea of happiness clashes with his father's dream*

Des Weiteren sollen Sie auf Texte eingehen, die Sie im Unterricht besprochen haben. Dabei kann es sich um einen Roman, ein weiteres Theaterstück oder um ein Gedicht handeln.

The theme of love has always played an important role in literature. As we find love to be a key element in Chaucer's *Canterbury Tales*, for example, which date back to 1 000 AD, William Shakespeare was not the first British author to choose love as a motif. Nevertheless, Shakespeare is probably most renowned for dealing with the "power of love", and his tragedy *Romeo and Juliet* is one of the most prominent examples in the history of literature.
We might suspect that since the change of the first millenium and since Elizabethan times not much has changed with regard to how people feel and act when they are confronted with their own or other people's love. There are still the same magic feelings that occupy people's minds and determine their conduct. Everybody gets in touch with love in many different ways. It may be the love between family members or couples, unrequited or mutual love, or love that brings out the best or the worst in people. Usually we experience different forms of love in each part of our lives. Being constantly exposed to love and being in love ourselves, it is easy for any reader to relate to plots dealing with this topic – and this makes love an obvious choice for every author.
A modern piece of drama which utilizes love as a powerful motif is Arthur Miller's *All My Sons*. Chris' entire behaviour is characterised and directed by his devotion to Annie, even though his parents both believe Annie to be his brother's girl. He plans his future with Annie and gives up the prospect of owning his father's business. Chris attaches greater importance to his future family and love life than to economic success. When confronted with the choice between either the one or the other, he does not hesitate to turn his back on his father's business. All of Chris' actions are based on his deep love for Annie.
Another type of conflict between the American Dream and love can be found in the drama *Cat on a Hot Tin Roof* by Tennessee Williams. The protagonist Maggie frantically clings to her seemingly lost relationship to her husband Brick, who has turned away from her and become an alcoholic. Her main reason for staying is the fact that Brick is likely to inherit his father's huge plantation. Therefore, Maggie is considered a fortune hunter and she is detested by Brick's brother Gooper and his wife Mae. Maggie's love enables her to endure any type of resentment and her

own husband's indifference. Especially in the Broadway version of Act III, love overcomes all the troubles.

The power of love has frequently been turned into the power of arts through the centuries. And if literary texts stay a "mirror of life", as Henry James puts it, the topic of "love" will also be a major motif in the literature of the future. *(487 words)*

Abiturprüfung NRW – Englisch Grundkurs: Aufgabe 3
Globalisation – global challenges

Aufgabentyp: *Sach- und Gebrauchstext, B1 (Textaufgabe in Kombination mit anderen Medien, bildliche Darstellung)*
Unterrichtsinhalte: *globalisation, education, the media; advertisement; diary entry*

Aufgabenstellung

1. What is the target group of the advertisement? Explain.
2. How do stylistic devices in the text and graphic elements work together in order to support the thesis that "Education for girls is right"?
3. Imagine you are a teacher at an African school that educates girls with Unicef money. Write an imaginative diary entry that sketches the major problems and prospects of the girls and the school.

Education for girls is right. Because it is a human right

"Education is everybody's human right. It means that no girl, however poor, however desperate her country's situation, is to be excluded from school."

—from UNICEF's *The State of the World's Children 2004* report

Photo by Takeyoshi Tanuma

Where would you be without an education? Most likely poorer, sicker, living with too many family responsibilities and too few opportunities.

Such are the futures for millions of girls, more than half of the 121 million children out of school in the world today.

Discrimination, financial obstacles, and schools that are unsafe and too distant result in girls being denied their fundamental right to education and their countries being kept from full human, social, and economic development.

To enhance the lives of these girls and the prospects of their families, UNICEF is intensifying its efforts in 25 priority countries, hoping to maximize the number of girls attending school by the year 2005. And these efforts are aided by many individuals, organizations such as UNICEF, and media who have worked toward the goal of eliminating gender disparities in education.

As a company that believes in living and working together for the common good, we at Canon appreciate UNICEF's focus on universal education.

Still, we hope more people will advance this cause, so that every girl will receive an education and be empowered to shape her own destiny.

The children of today, the promise of tomorrow.

Canon

What is keeping girls from school?

A message from Jessica Lange, UNICEF Goodwill Ambassador

During a recent visit to Africa, I was saddened to observe the widespread neglect and mistreatment of women and girls. Who, because of bias and conflict, have lost nearly all aspects of their protective environment - particularly education and healthcare.

Many youngsters, for example, are being raised in camps for displaced people and have lost years of schooling. Which will impact not only the lives of these children, but also the lives of their children's children.

There is so much at stake here. And I fervently hope the international community will intensify its commitment to providing every child with a primary education that is free, compulsory, and of good quality.

Jessica Lange

unicef

To support UNICEF,
please contact your nearest UNICEF office
or National Committee for UNICEF.
www.unicef.org

This column is donated by Canon and TIME Magazine.

From Unicef
Jessica lange: famous American actress

Lösungsvorschläge

1. *Grundkompetenzen: comprehension/orientation/context*
Aus der Tatsache, dass die Anzeige geschlechtsspezifische Probleme von Mädchen und Frauen darstellt, können Sie folgern, dass sich u. U. insbesondere weibliche Leser angesprochen fühlen.
– gender specific problems and discrimination of women
Sie müssen darlegen, dass es sich um eine internationale Zielgruppe handelt, die zu einem großen Teil aus Mittel- und Oberschichten stammt. Dies können Sie aus dem internationalen Charakter von Unicef und Canon folgern und mit dem Verweis auf die Leserschaft des Time Magazines begründen.
– global activities underline the international focus of the ad
– middle and upper class people tend to read quality magazines
Des Weiteren setzt der hohe Textanteil der Anzeige ein überdurchschnittliches Interesse am Erfassen von schriftlichen Informationen voraus und richtet sich damit an das Bildungsbürgertum. Das Bild des schwarzen Mädchens wendet sich insbesondere an Personen mit Kindern.
– educated people are targeted
– parents can identify with the fate of a child more easily

The target group of the advertisement "Education for girls is right", which was published in Time Magazine in 2004, is marked by gender, social status and level of education. In order to define the people it is aimed at, it is important to consider the basic contents of the ad, the character of the magazine it was published in, the companies which present it, and the visual elements used in the ad.
The advertisement portrays the problems of millions of young girls that are "denied their fundamental right to education" (ll. 8/9). These are excluded from school for different reasons, such as their families' financial problems or discrimination by society. In order to improve the situation of these girls, the aid organisation Unicef and the international company Canon ask for contributions that can be used to finance educational projects in developing countries. The fact that many problems of girls and women in developing countries are gender-related leads to the conclusion that women form an important part of the target group. The fact that the ad was published in Time Magazine indicates that both middle and upper class people are targeted, as these tend to buy and read quality press. Time Magazine is published worldwide, which suggests that the target group of the ad is international, too. The attempt to raise funds for girls' education is supported by Canon, which is a global player in electronics and a well-known producer of printers and digital cameras. Again, it is obvious that affluent members of the middle and upper classes will feel attracted by the ad, because they are acquainted with Canon's logo, their image and their products. For Canon, taking part in the campaign brings about a win-win effect, as donators to Unicef's educational project may be turned into potential customers of Canon later.
The advertisement especially addresses educated people. This can be shown by the ratio between text and illustrations. Whereas normal ads are dominated by

illustrations and simple text elements, this one offers a lot of textual information. The photograph is the most striking visual element of the advertisement. It underlines the international focus of Unicef and the target group as it shows a black, probably African child at school. It can be assumed that parents feel more affected by the picture than childless people: they may identify with the young girl more easily as they probably compare the lives of their own offspring with that of the girl on the photograph.
To put it in a nutshell, it can be said that the core target group of the advertisement are women, especially those who belong to the educated upper and middle classes of the industrialised countries and who are interested in international affairs and world problems. *(485 words)*

2. *Grundkompetenz: analysis*
Hier sollten Sie visuelle und textliche Elemente einzeln beleuchten, aber jeweils Querverbindungen herstellen. Sie sollten insbesondere darlegen, dass sich Bild und Texte insofern ergänzen, als gerade durch ihre Kombination Verstand und Gefühl des Lesers gleichermaßen angesprochen werden.
Das Bild entfaltet vor allem aufgrund der Kameraposition und des Motivs eine Wirkung auf den Leser.
– *eye-level shot chosen as camera angle*
– *child's characteristics possibly wake protective instincts*
– *props, facial expressions, and gestures prove willingness to be educated*
Die Texte sind unterschiedlicher Natur. Der Hauptabschnitt ist sehr nüchtern. Er spricht den Leser direkt an, präsentiert die allgemeine Problemstellung und belegt die mangelnde Erziehung von Mädchen durch statistische Fakten. Das Projekt wird transparent gemacht und seine Bedeutung wird durch die Nennung namhafter Partner betont. Die Infobox mit dem Erfahrungsbericht einer Unicef-Mitarbeiterin gibt einen zusätzlichen persönlichen Einblick.
– *personal address and rhetorical question involve reader*
– *deployment of facts and figures to prove credibility*
– *enumeration of powerful partners shows reliability*
– *report shows personal affection of Unicef workers*

In order to convince the reader of the importance of the project, both major parts of the advertisement – an illustration of young African girls at school and an informative text about girls' education – contrast and complement each other. The graphic elements of the advertisement – especially the camera angle, the selection of the model, the props, the girl's gestures, and her facial expression – help to create an ideal image of what Unicef's work can be like. The text on the other hand explains why Unicef's work is needed. It includes a selection of dramatic facts and figures and an enumeration of competent partners of the project. The use of evaluating adjectives and a rhetorical question evoke a feeling of concern and compassion in the reader. Additionally, the informative text on the one side and the field report of a Unicef member on the other side open up different perspectives on the problem – one more rational and the other more emotional.

The photograph of the young African girl at school is eye-catching. It takes half the space of the advertisement. It is an eye-level shot, and this makes it easier for the reader to sympathise or even identify with the girl and the problems she has to cope with. These no longer remain impersonal or abstract. What is more, the model has been well selected, because she corresponds to the scheme of childlike characteristics including big eyes and round lineaments. This possibly evokes sympathy or even protective instincts in the readers – especially the female ones (see task 1). The girl is laughing while sitting in class, which underlines the great opportunity and pleasure education has brought into her life. The fact that she is raising her arm reflects her willingness to be educated. In contrast to many European children, she is interested in going to school regularly and improving her basic knowledge. To support that thesis, the illustration includes an open book in front of her, which is a metaphor for education and the will to become qualified. As there are more raised arms in the background of the picture, it can be assumed that education creates community and strength among girls and, what is probably more important, in an entire society. Without having read the text next to it, the reader is convinced that girls like the one shown must get the chance to receive a primary education, because they are willing to work for it.

In contrast to the very optimistic picture, the text is rather negative, as it portrays the unpleasant living conditions of millions of girls worldwide.

At the beginning, the reader is directly addressed by the rhetorical question of "where (she would) be without an education" (l. 1). The answer follows at once, saying that she would be "most likely poorer, sicker, living with too many family responsibilities and too few opportunities" (ll. 1–3). This scenario – which is an enumeration of problems women in Africa actually are confronted with – creates a sense of guilt in the reader, as he/she has always had it good.

The employment of facts and figures helps to illustrate the dimensions of the problems: "121 million children (are) out of school [...] today" (ll. 5/6). In order to explain why so many girls are "denied their fundamental right to education" (ll. 8/9), the author states different reasons, namely "(discrimination), financial obstacles, and schools that are unsafe and too distant" (ll. 7/8). In this apparently factual and neutral description, the evaluating adjective "fundamental" subtly influences the reader towards the thesis that "(education) for girls is right". This effect is intensified by the parallel structure of the sentence, which insinuates that "countries (are) being kept from full human, social and economic development" (ll. 10/11) just because girls' education has been neglected so far.

In the following part of the text, the author acquaints the reader with the project planned by Unicef. The strategy behind this passage is obvious: the more the reader understands about the possible effects of a donation, the more he/she will give to charity. In the main part of the informative element, the author explains that "Unicef is intensifying its efforts in 25 priority countries" (ll. 13/14) and thus shows that the stand for girls' education will have a strong international impact. Furthermore, he enumerates competent partners of the project like "individuals, (aid) organizations [...], and media" in order to increase the credibility of the campaign. At the end of the text Canon also declares its appreciation of Unicef's aid

project – the personal pronoun "we" enhances the feeling of unity that has been created. The reader gets the impression that donations will be invested effectively and reliably and therefore visions like "eliminating gender disparities in education" (l. 18) seem to be within reach.
On the right hand side of the advertisement, there is a small information box about "(what) is keeping girls from school". It presents a field report by a woman who has personally visited girls in Africa and has experienced all conflicts they have to face there. While it provides the reader with the same information as the text before, it also presents personal thoughts and feelings. The woman says, for instance, that she "was saddened to observe the widespread neglect and mistreatment of women and girls", whereas the text before simply announces the problem in general. At the end of her report, her name and her signature are given, which makes the text even more personal.
What supports the thesis that "(education) for girls is right" most is the combination of all the different components of the ad. The reader is both informed and affected, and is finally convinced that giving money to Unicef is an important step towards equality in education. *(962 words)*

3. *Grundkompetenz: creation of text*
Im Laufe Ihrer Oberstufenzeit haben Sie laut Curriculum ein fundiertes Hintergrundwissen zu den Prozessen der Globalisierung erworben – dazu gehören auch Kenntnisse über die auseinander klaffende Schere zwischen Entwicklungsländern und Industrieländern. Sie sollten in diesem Zusammenhang u. a. einbringen können, dass Erziehung in den Staaten der so genannten Dritten Welt (ELDCs) oft an wirtschaftlichen Zwängen scheitert und dass ein traditionelles Rollenverständnis sowie Seuchen die Situation vielfach noch verschärfen. Ein Erfolg von Schulen ist nur bei einer hinreichenden Kooperation von Hilfsorganisationen und Regierungen denkbar. Da Sie sich laut Aufgabe in die Rolle eines Lehrers hineinversetzen sollen, der jeden Tag mit dramatischen Problemen konfrontiert wird, sollten Sie Ihre unmittelbare Betroffenheit zum Ausdruck bringen. Sie könnten also Aussagen über Ihre persönlichen Gefühle machen und dürfen hierfür gerne eine informelle Sprache verwenden.

Dear Diary,
I am thrilled to be able to tell you how successful we are.
I know, two years ago, when we started to build the new school in Asela, the whole project did not appear to be very promising. We had no support from the Ethiopian government at all, as its members still have not realised the great potential of an educated society. To them, education is not a fundamental right. Owing to this point of view, our system of education is outdated, if we can claim to have a school system at all.
Most parents do not get the chance to send their children to school because they don't get any financial support from the government. They are simply not able to pay for school fees, uniforms and other material.

Furthermore, schools are in an inadequate state, including a lack of sanitation and an environment completely unsuitable for children. And the teachers! In the course of the UNICEF project I have inspected various schools and I have attended many lessons. And I was shocked when I saw teachers ignoring or even discriminating against girls – that is: against the very few girls that were lucky enough to have the opportunity to attend school at all.
Looking at their school books, I felt disgusted. They still advocate a very traditional and absolutely negative image of women, whereas men are portrayed as dominant and superior beings. At that very moment I realized that there was a lot for Ethiopia and other African countries to do. For me and the rest of UNICEF, it has become the most important objective to further equality of boys and girls. Females should no longer be disadvantaged or discriminated against.
Extremely motivated and supported by UNICEF funds, we thought about founding a new school. We intended to create a place where 200 girls could be educated in an unprecedented way. We wanted to make sure that they were able to clear their heads of discrimination and family problems, if only for a while.
The opening of the school one year ago was quite a success, as 97 girls started to go to school regularly – half of the places we could offer – 97 new chances for Ethiopia. Since then, we have put a lot of effort into increasing the number of children attending our school, but we have failed.
Every day, we have to face new problems. The most dramatic one is that many girls leave school in the afternoon and don't come back the following day. Many of them disappear forever because their families force them to stay and help at home. At the moment, only 76 percent of all girls finish school, and all the others drop out for some reason or other. If their parents die of AIDS, other epidemics or during violent fights, they have to do the housekeeping and care for their brothers and sisters. They have to provide the family with food and water, which takes all their time. Other girls get married, set up a new family and soon stay and work at home instead of going to school. Sometimes the parents' attitude towards the education of girls plays a decisive role: boys are still favoured if a family can only send one child to school. Other parents are simply afraid to let their daughters go because their way to school can be long and dangerous: violence, abuse or sexual harassment are anything but rare phenomena.
Nevertheless, we are proud of what we have accomplished so far. When I see those girls writing poems or working on arithmetic problems during their maths lessons; when I see them smiling, laughing and playing with each other, I quickly forget all setbacks and problems we have to face. Education for girls is the key to many issues that have plagued the black continent for so long and I am certain that the country's situation can steadily improve if we go on like this.
Innumerable studies have shown that child mortality rates decrease with an increasing degree of education, because mothers are able to care for their children better. They marry later and have fewer children, which again results in a better life for them and their children. Furthermore, a population that is able to read brochures and posters on the dangers of AIDS and other epidemics is much more likely to take the appropriate preventative measures.

The most difficult challenge that remains is convincing the government of the importance of promoting educational developments in Ethiopia. Until now, our school project has depended completely on UNICEF money, which is a very limited source of funds. If we succeed in establishing a cooperation between aid organisations, international institutions, private donors and national governments, we will be able to create a better life for thousands of young boys and girls, thousands of opportunities, and thousands of new chances for Ethiopia.

(809 words)

Abiturprüfung NRW – Englisch Grundkurs: Aufgabe 4
Globalisation – global challenges

Aufgabentyp: *Sach- und Gebrauchstext, B1 (Textaufgabe in Kombination mit weiteren Medien, Schaubild)*
Unterrichtsinhalte: *globalisation, language, the media; report, graph; speech*

English as a World Language

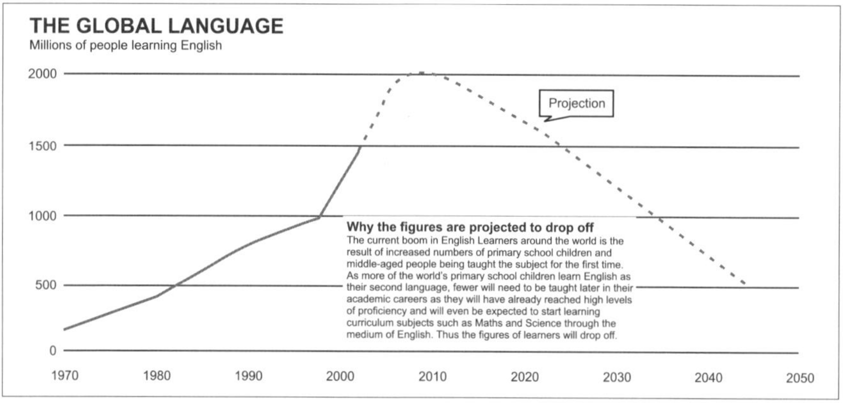

English to be spoken by half of the world's population within 10 years

BY JAMES BURLEIGH

HALF THE world's population will be speaking or learning English by 2015, researchers say. Two billion people are expected to start learning English within a decade and three billion will speak it, says a British Council estimate.

Other languages, such as French, risk becoming the casualties of this "linguistic globalisation". But the boom will be over by 2050 and the English-language teaching industry will have become a victim of its own success, says David Graddol, author of the report, *The Future of English*.

Mr Graddol's research, published yesterday at the British Council's Going Global Conference on International Education in Edinburgh, was based on a computer model developed to estimate demand for English-language teaching around the world. The lecturer, who has worked in education and language studies at the Open University for the past 25 years, said the model charted likely student numbers through to 2050.

It was compiled by looking at various estimates from the United Nations

Education, Scientific and Cultural Organisation (Unesco) on education provision, demographic projections, government education policies and international student mobility figures. The impact of educational innovations and other developments affecting the world population including the Chinese government's policy of one baby per family were also factored in.

Based on its findings, Mr Graddol has predicted that the world is about to be hit by a tidal wave of English. "Many governments, especially in countries which have relatively recently gained independence, are introducing the teaching of English under a utilitarian banner. "The native languages of countries such as Malaysia and Sri Lanka are often almost synonymous with their new-found independence and, as such, are closely protected. "But English predominates in the business world and for such countries to be able to compete for work, including lucrative outsourcing contracts, English is being pushed heavily from kindergarten on."

The potential bonanza on offer from outsourcing means even maths and science are being taught in English at secondary schools in Malaysia, he added. But demand for English teaching would drop as children progress through academia, and more universities across the world choose to teach in the language, the report predicted.

Mr Graddol also estimated that the boom would be over by 2050. "English-language students will be down from two billion to 500 million then," he said. "Increasingly, as English spreads across the globe, more people will become bilingual, even multi-lingual and such skills are highly prized in business. But Britain has not got the best reputation for learning other languages."

The report also showed that English was not the only language spreading, and the world, far from being dominated by English, was to become more multilingual. Mr Graddol said: "Chinese, Arabic and Spanish are all popular, and likely to be languages of the future."

James Burleigh, The Independent, 9 December 2004. © The Independent

Aufgabenstellung

1. Describe the chart "The Global Language".
2. How does language underline the neutral character of the article? Analyse.
3. Imagine you are head of the British Council in Germany and you give a talk to the teachers of a German school. Based on the given text and your background knowledge, write a speech that explains why learning English is one of the major targets for German pupils in the next 10 years.

Lösungsvorschläge

1. *Grundkompetenzen: comprehension/orientation/context*
   In der ersten Aufgabe geht es vor allem darum, dass Sie eine kurze und präzise Beschreibung des Diagramms liefern. Das heißt insbesondere, dass Sie Ihre Aussagen mit Zahlen belegen („quantifizieren") und dabei einschlägige englische Formulierungen verwenden.

   The chart "The global language" is a line graph which depicts how many people have learnt English, are learning English, and will be learning English. The x-axis is divided into periods of 10 years and shows the time period from 1970 to 2050. The y-axis, which depicts the total number of people learning English, is divided into units of 500 million people, from 0 to 2 000 million. Until the year 2004, which is the year the chart was published in the Independent, there is a quite straight line. From 1970 onwards there has been a steady increase in the number of learners. In the 30 years up to the year 2000, there was a rise of 400 % from 250 million to 1 billion people. In the short span of 4 years to the year 2004, a further drastic increase was noticeable – 500 million more people have started acquiring English as a second language. Shortly after the year 2010, English will have reached its climax as a world language with 2 billion people learning the language. The current boom in the number of English learners is rooted in a jump in the number of primary school children and middle-aged people learning English. However, as more and more primary school children learn English as their second language, there is no longer the necessity for people to be taught later on in life, as they will have already reached a high standard of proficiency. Thus, a steady decline is expected after 2010. In the following 40 years up to 2050, the number of English learners will drop by 25 % from 2 billion to a mere 500 million. *(275 words)*

2. *Grundkompetenz: analysis*
   Am wichtigsten ist bei der Lösung dieser Aufgabe die Feststellung, dass es sich bei dem zu analysierenden Text um einen klassischen Bericht handelt, der persönliche Bewertungen in jedweder Form vermeidet und sich stattdessen auf die Wiedergabe von Fakten beschränkt: Es geht insbesondere um die Angaben zur Zahl der Lerner sowie um die Ergebnisse der Studie von Graddol. Der Eindruck, dass die statistischen Belege vertrauenswürdig sind, wird durch die Angabe alternativer Quellen und durch die sprachliche Form der Aufzählung verstärkt.

   The newspaper article, "English to be spoken by half of the world's population within 10 years" by James Burleigh, which was published on 9th December 2004 in "The Independent", can be classified as a report. The main stylistic devices employed to underline the informative character of the article are the frequent use of facts and figures, the references to reliable sources, and citations.

   The headline presents the most important fact concerning the amount of people learning and speaking English in the world. The first sentence of the article repeats the gist of the headline, stating that "(half) the world's population will be speaking or learning English by 2015" (ll. 1/2). The repetition stresses the

importance of this finding and enhances the impression that the number of people who are learning English is enormous. The first paragraph is a mere enumeration of facts and figures which serves to depict how many people will speak and learn English in the future. The stylistic device of the enumeration stresses that the author can pick and choose from a vast variety of figures that support his thesis. Along with all these figures one has to take into account that various reliable resources are mentioned in the article. The British Council and UNESCO are undoubtedly trustworthy and the reader can assume that the data on the spread and influence of English in the world are reliable.
The main source of the article, however, is the report, "The future of English" by David Graddol, who has been conducting language studies at the Open University for the past 25 years. His most important findings are cited in the article, such as his results concerning the impact of English in countries that have recently gained their independence (ll. 42 ff.) and the reasons for the decline of the English boom from approximately 2010 onwards (ll. 61 ff.). The quotes are complemented by explanatory passages by the author. Yet a lack of elements commenting on or evaluating the text is noticeable throughout the article. The report does not include any personal evaluation of the development predicted. *(352 words)*

3. *Grundkompetenz: creation of text*
Die Inhalte der Rede bleiben Ihnen weitestgehend selbst überlassen, sicher hängt das Vorwissen, das Sie einbringen können, vor allem von den im Unterricht behandelten Themengebieten ab. In Ihre Argumentation könnten Sie in jedem Fall aber einzelne Zahlen aus dem Materialteil der Klausur aufnehmen und zu der Rolle des Englischen als Wirtschaftssprache in Beziehung setzen. Auf der formalen Ebene sollten sie auf eine korrekte und direkte Ansprache achten. Verwenden Sie möglichst klassische Redeelemente wie beispielsweise Appell, Anapher, Aufzählung oder Wiederholung.

Ladies and Gentlemen,
Let me first of all stress that it is a real pleasure for me to be here and to speak this evening. That is especially because I worked as a teacher myself for many years – admittedly some time ago, but my memory is still quite clear, so believe me, I know what a heavy burden you have to bear every single day: "sein Sie hertzlik willkommen".
I know that you are the ones who create the basis for a better understanding of future generations. I know that you are the ones who do the donkey work, teaching long hours; that you are the ones that have to face children from broken homes, completely disillusioned and unwilling to study English, or any other language for that matter. I know that you are the ones that give them the chance to have a better future and to be part of our international community.
Today I am going to present to you some current findings that prove the significance of teaching English to German pupils of all age groups. These findings show how important your work is and how important it will turn out to be for our

future. After that there will be enough time for discussing my report if you wish to do so.
Only recently a scientific treatise was published by David Graddol which predicts that English is going to be the language of the future. An estimated half of the world's population will be speaking English in only six years from now.
Therefore, we can say that a time will come when it is completely unavoidable for everybody in every country to have good skills in both written and spoken English. A fundamental improvement of language skills is especially important with regard to the employment opportunities of future generations – many Unicef reports have proven that. In a world which is subject to globalisation, English has already become the leading language – and according to Graddol and many other researchers, this development will continue.
For many employers it is absolutely crucial that all of the company's employees are not only able to read, write and speak English, but that the workforce has a high level of proficiency. The reason for this is simple: it is no longer true that people are employed in their home country and stay there until they retire. In this time of globalisation, the job market has changed and, indeed, it will change further. Employees are expected to be more flexible and mobile. To put it in a nutshell: our children will have to go where their company tells them to go, and no matter where they go, English can be used as a means of communication. English as a lingua franca will enable our children to communicate with their customers, colleagues and bosses, no matter what country they live in.
The dominance of English in the world of business has already motivated many countries to enable their population to learn English from an early age. In some countries such as Malaysia, even maths and science are being taught in English – thus ensuring a highly qualified English-speaking workforce. For the reasons given, it will be necessary to improve the prerequisites for teaching English to Germans as well. This can only be accomplished by giving extra resources to our schools. If German students do not learn English on a high level from their childhood on, they will be left by the wayside; lagging behind in their future academic careers, while pupils from other countries have a competitive edge. German schoolchildren have not had the chance to be a cut above yet – the only thing that has been "cut" at German schools during the last few years has been money. There is constant decrease in the amount that has been invested in education and language acquisition and this must be changed.
I would like to invite you to take part in that change for the better. I am sure that intensifying German-English cooperation, by finding partner schools, by raising funds for language training and by putting political pressure on our local governments, for example, will help us succeed in our mission.
Thank you very much. *(705 words)*

Abiturprüfung NRW – Englisch Grundkurs: Aufgabe 5
Post-colonialism and migration

Aufgabentyp: *Sach- und Gebrauchstext, A1 (Textaufgabe mit analytisch-interpretierendem Schwerpunkt)*
Unterrichtsinhalte: *post-colonialism and migration, globalisation, economic issues, ethnic and ethical problems; the media; comment*

In death, imperialism lives on
For the western media, it is clear that a tourist's tragedy is more important than that of the "locals"

The number of fishing boats from Sumatra, Sri Lanka and Tamil Nadu at sea when the Boxing Day tsunami hit will never be known. There is scarcely any population tally of the crowded coasts. Nameless people are consigned to unmarked graves; in mosques and temples, makeshift mortuaries, people pull aside a cloth, a piece of sacking, to see if those they loved lie beneath. As in all natural disasters, the victims are overwhelmingly the poorest.

This time there was something different. The tsunami struck resorts where westerners were on holiday. For the western media, it was clear that their lives have a different order of importance from those that have died in thousands, but have no known biography, and, apparently, no intelligible tongue in which to express their feelings. This is not to diminish the trauma of loss of life, whether of tourist or fisherman. But when we distinguish between "locals" who have died and westerners, "locals" all too easily becomes a euphemism for what were once referred to as natives. Whatever tourism's merits, it risks reinforcing the imperial sensibility.

For this sensibility has already been reawakened by all the human-made, preventable catastrophes. The ruins of Galle and Bandar Aceh called forth images of Falluja, Mosul and Gaza. Imperial powers, it seems, anticipate the destructive capacity of nature. A report on ITN news made this explicit, by referring to "nature's shock and awe". But while the tsunami death toll rises in anonymous thousands, in Iraq disdainful American authorities don't do body counts.

One of the most poignant sights of the past few days was that of westerners overcome with gratitude that they had been helped by the grace and mercy of those who had lost everything, but still regarded them as guests. When these same people appear in the west, they become the interloper, the unwanted migrant, the asylum seeker, who should go back to where they belong. A globalisation that permits the wealthy to pass effortlessly through borders confines the poor to eroded subsistence, overfished waters and an impoverishment that seems to have no end. People rarely say that poor countries are swamped by visitors, even though their money power preempts the best produce, the clean water and amenities unknown to the indigenous population.

In death, there should be no hierarchy. But even as Sri Lankans wandered in numb disbelief through the corpses, British TV viewers were being warned that scenes they were about to witness might distress them. Poor people have no consoling elsewhere to which they can be repatriated. The annals of the poor remain short and simple, and can be effaced without inquiry as to how they contrive an existence on these fragile coasts. What are the daily visitations of grief and loss in places where people earn less in a year than the price that privilege pays for a night's stay in a five-star hotel?

Western governments, which can disburse so lavishly in the art of war, offer a few million as if it were exceptional largesse. Fortunately the people are wiser; and the spontaneous outpourings of humanity have been as unstoppable as the waves that broke on south Asia's coasts; donations rapidly exceeded the amount offered by government. Selflessness and sacrifice, people working away at rubble with bare hands, suggest immediate human solidarities.

But these are undermined by the structures of inequality. Promises solemnly made at times of immediate sorrow are overtaken by other urgencies; money donated for the Orissa cyclone, for hurricane Mitch in Central America, the floods in Bangladesh, the Bam earthquake – as for the reconstruction of Afghanistan and Iraq – turns out to be a fraction of what is pledged.

Such events remind us of the sameness of our human destiny, the fragility of our existence. They place in perspective the meaning of security. Life is always at the mercy of nature – whether from such overwhelming events as this, or the natural processes that exempt no one from paying back to earth the life it gave us. Yet we inhabit systems of social and economic injustice that exacerbate the insecurity of the poor, while the west is prepared to lay waste distant towns and cities in the name of a security that, in the end, eludes us all.

Assertions of our common humanity occur only at times of great loss. To retrieve and hold on to it at all other times – that would be something of worth to salvage from these scenes of desolation. *(787 words)*

Comment by Jeremy Seabrook, The Guardian, December 31, 2004.

Aufgabenstellung

1. Explain the title of the article.
2. Analyse how the journalist employs stylistic devices in order to show that life in equality is a precious commodity.
3. Comment on the journalist's view by either supporting or refuting his claim that imperialism lives on.

Lösungsvorschläge

1. *Grundkompetenzen: comprehension/orientation/context*
Hier sollten Sie darstellen, dass der Titel des Artikels die zentrale These des Autors beinhaltet. Danach müssten Sie die Auswahl des Titels mit einer Zusammenfassung des Textinhaltes begründen.
– title states basic thesis
– concept of imperialism shows in inequality and lack of interest

The article by Jeremy Seabrook deals with the aftermath of the tsunami that destroyed great parts of the South-Asian coast and killed thousands of people in December, 2004. The victims were mostly native inhabitants, "overwhelmingly the poorest" (l. 6), but also tourists from western countries that had been on holiday there.
The author criticises the reaction of the western media, for whom "it is clear that a tourist's tragedy is more important than that of the 'locals'" (subheading). In the title of the article he therefore points at the fact that predominant conditions of imperialism have not changed. Westerners still regard themselves as the superior and more important beings in comparison to those living in the third world. Although all ancient colonies have become politically independent from European powers, inequalities have remained or even increased in times of globalisation.
In order to underline the basic thesis that, "(in) death, imperialism lives on", the author gives several examples. The first one is tourism as such, which "risks reinforcing the imperial sensibility" (l. 14). According to Seabrook, freedom of travel can be considered imperialist, because any wealthy person is able to visit ELDCs (economically less developed countries) and consume the "amenities unknown to the indigenous population" (ll. 29/30), whereas none of the poor is granted entry to the rich, western world. They are frequently regarded as hostile beings (ll. 24/25). Additionally, Seabrook claims that tourists are not interested in the local population at all. They refer to them as "locals", a term that seems to mirror the ancient colonial concept of the "natives" that encounter the cultured (ll. 11–14). Another example the author puts forward in order to stress the lack of interest the rich take in the poor is the imbalance between the money used for development aid and for military purposes. Concerning catastrophes like "the Orissa cyclone, […] hurricane Mitch in Central America, the floods in Bangladesh [and] the Bam earthquake" (ll. 46/47), donations of the American government were completely disproportionate to the huge sums invested in war.
In the aftermath of the tsunami, sympathy with the victims was great, as European and American tourists also lost their lives, whereas natural disasters and states of emergency in other countries are almost totally ignored. "British TV viewers were being warned that scenes they were about to witness might distress them" (ll. 32/33) when pictures of people from Sri Lanka were shown who were wandering past the corpses. In contrast, the victims of the Iraq war are accepted with a shrug of the shoulders, "disdainful American authorities don't (even) do body counts" (ll. 19/20). In a nutshell: people die – "imperialism lives on". *(441 words)*

2. *Grundkompetenz: analysis*
In Ihrer Antwort zu dieser Aufgabe können Sie die zentralen Stilmittel des Textes unter dem Begriff des Kontrasts zusammenfassen – bei der Gegenüberstellung von Reichtum und Armut verwendet der Autor insbesondere typisierende Sammelbegriffe, evaluierende Adjektive sowie die Satzverbindung „but".
– choice of labels contrasts different groups
– characterisation of groups is inherent in evaluating adjectives
– author generalizes and exaggerates while depicting living conditions
– the contrasting connective "but" shows frictions in our attitudes
Anschließend sollten Sie auf den Appellcharakter des Artikels hinweisen. In Ihrem Antworttext muss deutlich werden, dass Seabrooks seine Forderungen klar als solche kennzeichnet, dass er sie mit dem Hinweis auf das Gute im Menschen begründet und dass er sie durch die Verwendung von Personalpronomen kaum merklich auf den Leser überträgt.
– utopia and reality are contrasted by the journalist's appeals
– a comparison insinuates that the author's hopes are justified
– the personal pronoun "we" emphasizes the importance of the reader

The comment, "In Death Imperialism Lives on" by Jeremy Seabrook, creates two major contrasts in order to show that life in equality is a precious commodity which we do not possess. First, the author contrasts poverty and affluence by the use of symbolic language. Second, he contrasts reality and his personal utopia by calling for a change in the readers' attitudes.

The choice of catch words, evaluating adjectives, and contrasting connectives largely contribute to building up a contrast between people from ELDCs and EMDCs. This contrast is inherent in the labels "poor" (ll. 26, 33, 34) and "westerners" (ll. 12, 21) and in the various modifications of those terms. The frequent repetition of the labels enhances the impression of inequality, which the reader gets from the facts presented. The use of evaluating adjectives shows that the presentation of facts as such is not neutral either. For example, the basic statement that living conditions differ significantly between the developing and the industrialised world is formulated in a rather personal tone – the text is loaded with exaggerations and generalisations. When Seabrook claims that globalisation "confines the poor to eroded subsistence, overfished waters and an impoverishment that seems to have no end" (ll. 26/27), we can strongly doubt that this is true for everybody in the Third World. Even though erosion and empty fishing grounds undoubtedly lead to severe problems in many countries in the south, soil and water in many parts of the world still offer the chance to live a happy and comfortable life. Seabrook's statement that people of the Third World "earn less in a year than the price that privilege pays for a night's stay in a five-star hotel" (ll. 36/37) impressively quantifies inequality in terms of money but it ignores the fact that costs of living differ significantly, too.

Evaluating adjectives serve to stress that poor people are denied basic respect and thus lose their status as human beings. While explaining the impact of the tsunami tragedy, Seabrook states that "(nameless) people are consigned to unmarked graves" (l. 3) and to "makeshift mortuaries" (l. 4). The dead are not only deprived of life but of their entire existence, even of their names, because their home countries are incapable of coping with the tsunami crisis. The degrading situation is emphasised by the fact that relatives have to search for dead family members by putting aside "a cloth (or) a piece of sacking" (ll. 4/5). In Third World countries, the misery of people's deaths seems to correspond to the misery of people's lives.

Another method of depicting injustice and inequality among human beings is the frequent deployment of the contrasting connective "but", as it is used to show frictions and contradictions in our attitude and in our behaviour towards social and regional disparities. The connective is the operative word when the author claims that the western media's reaction to the tsunami at first sight does not "diminish the trauma of loss of life, whether of tourist or fisherman (but)" (ll. 11/12) nevertheless frequently distinguishes between "locals" and westerners who have died (l. 12). On second thoughts therefore, we have to assess that there are still two groups which are unequal – especially as the term "locals" (ll. 12–14) has a negative connotation that is rooted in imperialist history. The loss of a tourist's life appears to be more important than that of a fisherman. When the author praises the "immediate human solidarities" (l. 43) after the tsunami, he again uses the word "but". In this case he emphasizes that positive humane reactions are an exception and in fact are bound to be "undermined by the structures of inequality" (l. 44). According to Seabrook, this leads to a frequent breach of spontaneous promises to help the poor – for the "locals", life stays hostile; for them fairness does not exist.

The lack of fairness is underlined by an enumeration that depicts the hardship of those who try to change their status by entering a better world: "(They) become the interloper, the unwanted migrant, the asylum seeker" (ll. 24/25). By contrast, westerners are always treated and cared for as guests when they travel to a developing country (ll. 22/23). As a result, "poor countries are swamped by visitors (and their) money power pre-empts the best produce [...] unknown to the indigenous population" (ll. 28–30). The metaphorical use of the verb particularly contributes to the impression that the rich exploit the poor. Instead of helping them out of their misery, they make them sink even deeper into despair.

After having depicted the great inequalities, the author starts to state his personal opinion more directly. In doing so, he creates a strong contrast between reality and utopia and suggests that mankind has the chance to improve everybody's life.

Seabrook's most accentuated statement includes his claim that "there should be no hierarchy" (l. 31) – not in death and obviously not in life either. From the fact that in their heart of hearts human beings are good, the author concludes that we can reach a state of equality. By comparing the "spontaneous outpourings of humanity" to the "unstoppable [...] waves that broke on South Asia's coasts" (ll. 40/41), the author insinuates that there is something like an inborn urge to help other people. Unfortunately this urge seems to be forgotten unless a fatal crisis occurs. From Seabrook's point of view, the world's situation would be extremely ameliorated if it were possible to constantly maintain human solidarity: "To retrieve and hold on to it at all other times – that would be something of worth to salvage from […] scenes of desolation" (ll. 56–58) such as in South-East Asia.

At the end of the article, the author tries to remind the reader of the "sameness of our human destiny (and) the fragility of our existence" (ll. 49/50). He uses various personal pronouns that help to intensify the feeling of togetherness among all nations of the world. Besides, he stresses that "(life) is always at the mercy of nature" (ll. 50/51), which means that everybody has to pay "back to earth the life it gave us" (l. 52). All human beings, no matter whether poor or rich have the same beginning as well as the same ending. Consequently, life should also be characterised by equality and justice. *(1037 words)*

3. *Grundkompetenz: evaluation*
In der dritten Aufgabe müssen Sie Ihre Zustimmung oder Ablehnung in Bezug auf die Thesen des Artikels ausdrücken. Hierfür ist es wichtig, dass Sie versuchen, einzelne Aspekte differenziert zu beleuchten. Am einfachsten ist es, wenn Sie ebenso wie Seabrook mit dem Kontrastwort „but" arbeiten, um das Für und Wider der Argumente abzuwägen. Ihre persönliche Auffassung sollten Sie mit sprachlichen Mitteln wie dem Englischen „to my mind" o. Ä. kennzeichnen.

Jeremy Seabrook certainly has a point when he observes that human life is distinctly different depending on where a person comes from. His thesis, however, that this is rooted in imperialist sentiments which are part of the west's collective identity, seems more than dubious. Some of the things he presents as evidence for his claim may be true, but they do not add up to a convincing argument.

To my mind, Seabrook is indeed right when it comes to chastising the west's embarrassingly weak commitment to helping the world's most deprived regions by development aid. He is right to wonder why the western governments "can disburse so lavishly in the art of war" (l. 38) but are tight-fisted when it comes to finance projects in the Third World – as even a little money could do so much good. Finally, he is right to note that a catastrophe like the tsunami disaster seems to get all the attention and triggers rather generous donations by the western public, whereas the constant plight of the poor does not get any attention at all.

Newscasts announcing disaster – no matter whether natural or man-made – often include information on how many Germans were among the victims. But this is not only the case when a disaster occurs in the Third World. I can still remember hearing similar words in the evening news when the Finnish ferry "Estonia" sank a few years ago. Even though almost all of the dead and missing were "westerners", as Seabrook puts it, there seemed to be a distinct difference. Undoubtedly, the viewers simply show more interest in the sufferers if they are from their own community. But could it not be that we simply find it easier to identify with the stories told by Germans, French or Americans – by "westerners" – just because they appear much closer to us? This closeness, however, does not prove latent racism or imperialist thought.

In his article, Seabrook hints at a similarity between tourism today and the imperial past. During the second half of the 19th century and into the 20th century, several European countries conquered Africa and much of Asia to exploit the continents. Any resistance by "natives" was brutally broken by brute force. Today, the author contends, physical power has been replaced by "money power" (l. 28) but the effect is still the same. The "locals" are deprived of their lands and left with barely enough to subsist on. This comparison is definitely odious, as Seabrook ignores a crucial aspect. In contrast to the former colonies, the states of today are sovereign. If they pleased, they could keep all tourists out of their countries and distribute the goods which were previously consumed by the "westerners" to the local population. The reason why the sovereign states do not do this is the fact that a flourishing tourist industry has more advantages than disadvantages. In fact, tourist money brings about many improvements, for instance in infrastructure. It means increased revenue for local farmers, industries and services. This revenue serves to close the gap between developing and industrialised countries and hence to the death of imperialism. *(505 words)*

Abiturprüfung NRW – Englisch Grundkurs: Aufgabe 6
Post-colonialism and migration

Aufgabentyp: *Literarischer Text, A 2 (analytisch-interpretierende Textaufgabe mit anwendungs-/produktionsorientierter Aufgabenstellung)*
Unterrichtsinhalte: *post-colonialism and migration, cultural diversity; narrative texts; storytelling*

Life of Pi by Yann Martel

CHAPTER 33

He shows me family memorabilia. Wedding photos first. A Hindu wedding with Canada prominently on the edges. A younger him, a younger her. They went to Niagara Falls for their honeymoon. Had a lovely time. Smiles to prove it. We move back in time. Photos from his student days at U of T: with friends; in front of St. Mike's; in his room; during Diwali on Gerrard Street; reading at St. Basil's Church dressed in a white gown; wearing another kind of white gown in a lab of the zoology department; on graduation day. A smile every time, but his eyes tell another story.

Photos from Brazil, with plenty of three-toed sloths *in situ.*

With a turn of a page we jump over the Pacific – and there is next to nothing. He tells me that the camera did click regularly – on all the usual important occasions – but everything was lost. What little there is consists of what was assembled by Mamaji and mailed over after the events.

There is a photo taken at the zoo during the visit of a V.I.P. In black and white another world is revealed to me. The photo is crowded with people. A Union cabinet minister is the focus of attention. There's a giraffe in the background. Near the edge of the group, I recognize a younger Mr Adirubasamy.

"Mamaji?" I ask, pointing.

"Yes," he says.

There's a man next to the minister, with hornrimmed glasses and hair very cleanly combed. He looks like a plausible Mr Patel, face rounder than his son's.

"Is this your father?" I ask.

He shakes his head. "I don't know who that is."

There's a pause of a few seconds. He says, "It's my father who took the picture."

On the same page there's another group shot, mostly of schoolchildren. He taps the photo.

"That's Richard Parker," he says.

I'm amazed. I look closely, trying to extract personality from appearance. Unfortunately, it's black and white again and a little out of focus. A photo taken in better days, casually. Richard Parker is looking away. He doesn't even realize that his picture is being taken.

The opposing page is entirely taken up by a colour photo of the swimming pool of the Aurobindo Ashram. It's a nice big outdoor pool with clear, sparkling water, a clean blue bottom and an attached diving pool.

The next page features a photo of the front gate of Petit Séminaire school. An arch has the school's motto painted on it: *Nil magnum nisi bonum.* No greatness without goodness.

And that's it. An entire childhood memorialised in four nearly irrelevant photographs.

He grows sombre.

"The worst of it," he says, "is that I can hardly remember what my mother looks like any more. I can see her in my mind, but it's fleeting. As soon as I try to have a good look at her, she fades. It's the same with her voice. If I saw her again in the street, it would all come back. But that's not likely to happen. It's very sad not to remember what your mother looks like."

Chapter 34

Father said, "We'll sail like Columbus!"

"He was hoping to find India," I pointed out sullenly.

We sold the zoo, lock, stock and barrel. To a new country, a new life. Besides assuring our collection of a happy future, the transaction would pay for our immigration and leave us with a good sum to make a fresh start in Canada (though now, when I think of it, the sum is laughable – how blinded we are by money). We could have sold our animals to zoos in India, but American zoos were willing to pay higher prices. CITES, the Convention on International Trade in Endangered Species, had just come into effect, and the window on the trading of captured wild animals had slammed shut. The future of zoos would now lie with other zoos. The Pondicherry Zoo closed shop at just the right time. There was a scramble to buy our animals.

(671 words)

Explanation of context: When immigrating to Canada Mr Patel's ship sank together with his parents and his brother. As his parents had owned a zoo in India a lot of animals died as well – all of them except for a Bengal tiger, a zebra, and a hyena who shared the lifeboat with Mr Patel.

l. 5 U of T: University of Toronto
l. 6 Diwali: festival celebrated by Hindus
l. 18 Mamaji: nickname for one of Pi's father's earliest business contacts, who became a good friend of the family
l. 27 Richard Parker: the Bengal tiger
l. 50 lock, stock and barrel: including everything

Aufgabenstellung

1. Explain the significance of the photographs which Mr Patel shows to the narrator.
2. How does the author use style and narrative technique to underline the contrast between Indian and Canadian life.
3. Imagine you are an Indian immigrant who looks back on his life. On the desk in front of you there is a bell, a box of spices, a silk garment, a black and white photograph, a colour photograph, and an old book. Tell a fictitious story that explains the role which the items have played in your past. Try and give a symbolic meaning to the different items.

Lösungsvorschläge

1. *Grundkompetenzen: comprehension/orientation/context*
In Ihrer Lösung sollten Sie die Gegensätzlichkeit der Bilder aus Kanada und aus Indien herausarbeiten. Die Anzahl der kanadischen Bilder ist weit höher; sie repräsentieren vordergründig wichtige Stationen aus dem Leben des Charakters, die für ihn jedoch keine besondere Relevanz haben. Im Gegensatz dazu zeigen die wenigen Bilder aus Indien scheinbar unbedeutende Situationen – die wirklich wichtigen Jugenderinnerungen von Mr Patel verblassen zunehmend. Er kann sich nicht einmal an das Aussehen seiner Eltern erinnern.
– sets of photographs differ significantly
– the loss of photographs mirrors the loss of memory and leads to frustration
– the places and people shown differ in their significance
The memorabilia which Mr Patel presents in Chapter 33 of the novel "Life of Pi" mirror both his former life in India and his new life in Canada. There is a strong contrast between the two sets of photographs in regard to their number and quality as well as to the places and people shown.

At the beginning, Mr Patel shows various pictures of his recent years in Canada. These include some taken at special occasions like his wedding (l. 2), his "honeymoon" (l. 4) or his "graduation day" (l. 8) at university and others that portray seemingly irrelevant moments of life, for example one of him "reading at St. Basil's Church" (l. 6). Holding the photographs in his hand, the protagonist is able to remember the appearance of different people that have played an important role in his life, namely "friends" (l. 5) and family members.
Concerning his childhood in India, there are only four photographs left. The pictures are mainly "black and white" (l. 29) and "a little out of focus" (l. 29), which symbolizes the fact that Mr Patel's memories are fading. All the other photographs of India were lost when Mr Patel's ship to the New World sank together with his parents and his brother. Mr Patel does not even have a picture of his mother and thus is not able to "remember what (she) looks like any more" (ll. 41/42). The character's sadness about the tragic loss of his closest relatives is

also revealed when he talks about his father, of whom he does not have a picture either […].

Although the remaining photographs from India reflect neither important experiences nor significant people, they are probably a lot more valuable than the set of Canadian ones. They are the only tangible connection to Mr Patel's former life and that is why he "grows sombre" (l. 40) after having realised that "an entire childhood (is) memorialized in four nearly irrelevant photographs" (ll. 38/39). The scene reveals that Mr Patel's memory of his origins is increasingly fading. He has not been able to conserve the important moments of it – what is worse: more and more unimportant pictures of Canada are added. *(367 words)*

2. *Grundkompetenz: analysis*
Sie müssen hier vor allem die unterschiedlichen Sprachstile in den verschiedenen Sinnabschnitten erklären. Während in den Passagen zu Mr Patels Leben in Kanada eine nüchterne und knappe Sprache vorherrscht, sind die Textteile zu seiner indischen Vergangenheit von ausführlichen Erklärungen und einem Dialog zwischen Erzähler und Charakter bestimmt.
   - *the factual report about Canada shows that Mr Patel's life does not satisfy him*
   - *frequent references to Indian life show his inability to adapt to the New World*
   - *the character becomes emotionally involved when he remembers his past in India*
   - *narrative elements and direct speech underline his involvement*

   Die Funktion der Erzählsituation besteht vor allem darin, dass der Erzähler die Gefühle des Charakters hinterfragt und auf die Fremdartigkeit der indischen Kultur hinweist. Dadurch wird die Einschätzung des Lesers beeinflusst.
   - *the narrator's reaction influences the reader's reactions*
   - *he points at the differences between the Indian and the Canadian culture*

The contrast between Mr Patel's old and new life is paralleled by a contrast in the language. Whereas recent memories are explained in a short and neutral style, the older ones are depicted in a rather intensive, sometimes flowery, way. Direct speech indicates personal involvement of both Mr Patel and the narrator, whose reactions also influence the reader.

When Mr Patel presents the photographs of his life in Canada he does not give any further information. The dominance of short sentences emphasizes that there is hardly anything to say about life in the New World. The pictures "from (Mr Patel's) student days at U of T: with friends; in front of St. Mike's; in his room (or) during Diwali on Gerrard Street" seem to be boring and unimportant (ll. 5/6). The protagonist does not mention the names of any people, which makes the description completely impersonal. The character's distance to his own life becomes obvious and this is stressed when the narrator talks about "(a) younger him, a younger her" (l. 3) in order to refer to Mr and Mrs Patel on their wedding photograph. The ceremony as such is described as a "Hindu wedding with Canada prominently on the edges" (ll. 2/3), a formulation which clearly mirrors the different importance that the two cultures have for Mr Patel. The Hindu way of life forms the centre, whereas Canada is not more than a new frame. The use of several further allusions to other Indian customs emphasises his inability to adapt to Western culture.

The reaction of the reader towards the photographs presented is preformed by the narrator's reaction. He contemplates the different pictures, and he inspects Mr Patel's clothes and facial expressions. His perception gives further insight into character and sentiments. Mr Patel's pretence is shown, for example, when the narrator remarks that the Indian is smiling all the time, whereas "his eyes tell another story" (l. 8). Furthermore, the words of the narrator confirm the impression that during the course of the character's life, two entirely different cultures have clashed. In his eyes, India is simply "another world" (ll. 14/15).

Mr Patel's detailed description of the pictures from India leads to curiosity and excitement on the side of the narrator. He is "amazed" (l. 28) while he accurately examines the leftovers of Indian culture. The length of Mr Patel's statements, direct speech, personal style and emotional tone show that both men appreciate their talk. The passage in which they talk about the photograph of "the swimming pool of the Aurobindo Ashram" (l. 32), for example, is marked by narrative elements. The reader gets the impression that there is a story behind the memorabilia: even though Mr Patel is not able to identify the person on the photograph, he remembers that it was "(his) father who took the picture" (l. 24). In this quote, the detailed narration and the reference to the lost parent underline the significance of the incidence. In order to emphasize the great importance of Indian life for both men, the author employs direct speech for the first time. The style is more personal, especially as names like "Mamaji" (l. 18) or "Richard Parker" (l. 27), the Bengal tiger, are given. Mr Patel obviously has difficulty leaving his old life behind him – this is symbolized by the fact that the character hesitates when answering the narrator's questions; instead, "(there's) a pause of a few seconds" (l. 24) before he starts to talk.

Mr Patel's sad situation is a result of the abrupt change between two completely different cultures. His "jump over the Pacific" (l. 10) becomes the "turn of a page" (l. 10) of the photo album in his hands. In reality, however, it takes a lot more to cross the divide between Indian and Canadian life. *(630 words)*

3. *Grundkompetenz: creation of text*
Bei der Lösung dieser Aufgabe sind Sie in Ihrer Kreativität relativ frei. Da es um die Darstellung persönlicher Betroffenheit geht, ist es allerdings empfehlenswert, aus der Sicht eines Ich-Erzählers (first person narrator) zu schreiben – alternativ wäre auch ein allwissender Erzähler (omniscient narrator) sinnvoll. Es wäre gut, wenn Sie Vorwissen über kulturelle Besonderheiten Indiens und/oder Kanadas einbringen könnten.

This afternoon my daughter gave me some pictures she had drawn. One of a castle in the forest and one of our family. There was me, Abirahmi, my husband Larry and herself, Laura – tiny little lines in blue and red. When we were driving home, something was different. She was silent, and did not even complain about the taste

of her sandwiches. She seemed to be lost in a daydream, until all of a sudden she asked me a question I could not get out of my head the whole day. “Mama”, she said distinctly, “why do all children have grandparents but me?”
In the evening, when I was alone, I was still confused. How could I ever think that Laura would not ask that question? How could I believe that I could simply forget about my past and still make peace with the present? For the first time since Laura’s birth, I opened the lowest drawer of my desk. Successively, I pulled out the golden bell, the box of spices, the white silk garment, the old book and a black and white photograph. I had to breathe deeply when I realised that these were the only things I had from my childhood. All those things are as Indian as myself. They are the only connection to my family, my grandparents and my beloved parents. At that very moment, I knew that Laura had a right to learn more about my past, even if it is very painful to remember our departure from India, and the separation from my family.
I grabbed the bell, rang it silently and found myself in the middle of my memories. I had the feeling that I was sitting in front of our old sheep pen. Maharatshi, our goat, was standing next to me, nibbling the last tussocks that had not turned brown during the hot summer months. Except for the monotonous ringing of the bell he carried around his neck, it was completely quiet. The sun was hot on my skin – it went through me. Brahma had not blessed our country with rain although we had prayed for it, and the harvest was a disaster. Some evenings, Mom and Dad had to pass on their food to my little brother and sister. I hated to see my parents smile and pretend that everything was alright, while their eyes were empty and desperate. Was it possible to go on like that? I saw my mother cry in the kitchen.
Some days later my father appeared, carrying a black box. A cute smile filled his face when he said: “All the best for your twelfth birthday my little girl!” I opened the box and was amazed to see what my daddy had done for me. The whole box was filled with small, but perfect pyramids of different spices, just like the ones he artistically piled up in his spice stall at the weekly bazaar. I had always admired the dazzling colours and exact forms of those pyramids and now I owned a miniature version. I can still smell the curcuma and the curry.
In the evening, my birthday celebrations continued. My mother taught me how to dance the Bharata Natyam, the traditional dance of South India. She wore a beautiful silk garment and golden bracelets that jingled while she showed the complex hand gestures typical of our traditional dance. Daddy had borrowed an old Polaroid camera and took a photograph of all my guests. It was meant to be colour but it turned out to be black and white because the chemicals on the surface had faded already. The photograph showed all of my relatives, my brothers and sisters, my grandparents, my aunts and uncles, and my parents and it showed all the friends we had invited. Daddy tapped me on the shoulder and gave me a big grin. I was so happy on that day.
Two weeks later, all hope was destroyed when the third war between India and Pakistan started. India became a very dangerous place for Muslims. I think Daddy knew it would happen, and he was prepared to react quickly: on the same day my

uncle drove us children to the airport – no long goodbyes. Daddy gave me three plane tickets to Canada and a plastic bag. I think Daddy knew someone would care for us in the New World.

I could not imagine living without my parents, grandparents and all the rest of India. I did not want to leave Maharatshi, who had been with me all my life. In the plastic bag I found some nan bread and a book that seemed to be very old. It was Rabindranath Tagore's "British Rule – Indian Freedom" – a book about colonial times. There was a dedication on the first page: "If you think there is no way out, you'll be inspired by this. You'll learn that things change but you can stay the same." It was Grandma's handwriting.

On the day Laura asked for her grandma, I read those lines again and again. Then I closed the old, dusty book. My face was full of tears. I took the black and white photograph and put it on the table. I put it next to the colour one showing my new family: Laura, Larry and me. I was amazed when I finally realised that Laura has the same, wonderful smile as my father. *(904 words)*

Abiturprüfung NRW – Englisch Grundkurs: Aufgabe 7
The interest of young audiences in Shakespeare

Aufgabentyp: *Literarischer Text, A 1 (Textaufgabe mit analytisch-interpretierendem Schwerpunkt)*
Unterrichtsinhalte: *Shakespeare; poetry, sonnet; comment*

Sonnet 60 by William Shakespeare

Like as the waves make towards the pebbled shore,
So do our minutes hasten to their end;
Each changing place with that which goes before,
In sequent toil all forwards do contend.
Nativity, once in the main of light,
Crawls to maturity, wherewith being crown'd,
Crooked eclipses 'gainst his glory fight,
And Time that gave doth now his gift confound.
Time doth transfix the flourish set on youth,
And delves the parallels in beauty's brow;
Feeds on the rarities of nature's truth,
And nothing stands but for his scythe to mow:
  And yet, to times in hope my verse shall stand,
  Praising thy worth, despite his cruel hand.

From: Shakespeare, William: The Complete Works.
New York: Dorset Press, 1988, p. 1232.

Aufgabenstellung

1. Is the poem a love poem? Briefly explain.
2. Which stylistic means are used to explain the concept of time?
3. Judge Shakespeare's thesis concerning the relation between art and eternity, which is brought forth in the conclusive couplet.

Lösungsvorschläge

1. *Grundkompetenzen: comprehension/orientation/context*
   Erläutern Sie, ob das Sonett Ihren Vorstellungen von einem Liebesgedicht entspricht. Für Ihre Überlegungen ist es von zentraler Bedeutung, dass Shakespeares Text auf zwei unterschiedliche Arten interpretiert werden kann: Zum einen handelt es sich um eine allgemeine Abhandlung zum Thema Vergänglichkeit, zum anderen um die Lobpreisung der geliebten Person, die durch das Gedicht verewigt wird.
   - *the poem is addressed to a person that could be the lover of the speaker*
   - *the poem refers to the passing of time but possibly also to the time two lovers spend together*
   - *the character description refers to the person the poem is written for but it can be applied to every young person*

   Soweit Ihr Hintergrundwissen es erlaubt, können Sie auch darauf verweisen, dass die Sonette 1–126 mit hoher Wahrscheinlichkeit an einen jungen Mann adressiert sind. Somit kann zumindest angezweifelt werden, dass es primär um körperliche Liebe geht – im Mittelpunkt steht die besondere Wertschätzung des anderen.

   In my opinion, William Shakespeare's sonnet can be interpreted as a love poem, which is based on general thoughts about the passing of time and about mortality.
   The most obvious indication that the sonnet is a love poem can be found in the last line, in which the speaker directly addresses a person and praises his or her "worth" (l. 14).
   The lyrical-I hopes the beloved will not fall into oblivion or be subject to time's destruction. He obviously wants to make him or her immortal by the power of the poem.
   At first sight line two and lines nine to eleven can be seen as general statements on youth and beauty, but against the backdrop of the closing couplet we may also understand them as references to the beloved.
   When the speaker talks about "our minutes" (l. 2), every reader may feel included and wonder about the elapse of time in general. Yet the speaker could also be referring to the specific periods of time he spends together with his lover and which pass too quickly. Along this line of interpretation, line 9 would be referring to a certain person's "youth" and in the next part of the poem the beauty of this specific person would be praised (l. 10): for the lyrical-I the beloved is one of the "rarities of nature's truth" (l. 11). As sonnets 1–126 are said to be dedicated to a young man, the unique quality of the relationship may rather be rooted in appreciation and understanding than in sexual intercourse.
   The inevitability of age and decay seems to affect the two lovers as well as human beings in general – only the love of poetry can turn love between people into something that lasts forever. *(288 words)*

2. *Grundkompetenz: analysis*
Sie sollen die verschiedenen Stilmittel erklären, die Shakespeare verwendet, um sein Verständnis von Zeit darzustellen. Dabei bietet es sich an, der Argumentationsstruktur des Sonetts zu folgen und die drei Vierzeiler einzeln zu betrachten:
Das erste Quartett ist von einem Vergleich bestimmt:
- *the most important stylistic device used in the first quatrain is a simile*
- *the waves that disappear on the shore are like time that vanishes minute by minute*

Im zweiten Quartett dominiert das allegorische Element des Gedichts:
- *the second quatrain is dominated by an allegory*
- *time is equated with a man's life: first time seems to pass slowly but later flees from us*

Das dritte Quartett besteht aus einer symbolreichen Darstellung der Zeit als finsterem und grausamem Gesellen:
- *the third quatrain gives a gruesome portrayal of time*
- *time leaves its marks on our faces and finally mows man down like grass*

Neben diesen übergeordneten Stilmitteln sind innerhalb der Vierzeiler Metaphern (l. 7), Personifizierungen (l. 2, l. 6) und Symbole (l. 12) zu erläutern.
Der abschließende Zweizeiler bringt einen Hoffnungsschimmer in diese düstere Betrachtung. Der Autor bietet dem Adressaten Unsterblichkeit, indem er seine Liebe in den Zeilen des Sonetts verewigt.

In Shakespeare's "Sonnet 60" the passing of time is mainly described by means of comparison and allegory. The picture of time as something inevitable and cruel is underlined by personifications, imagery and metaphors.
The key device employed in the first quatrain is a simile, explicitly indicated by the words "like as" (l. 1). Waves symbolise time, as they are the minutes that pass by and vanish. In endless repetition, they move unchangingly towards the shore, where they disappear. The change of one wave is followed by another; periodically, continuously, unavoidably. The waves follow a law of nature, as does man during his lifetime. The personification of the minutes that "hasten to their end" (l. 2) emphasises how quickly our lives pass. We cannot alter the speed of this process, but are subject to it. In line four, Shakespeare uses another personification to show how the waves are employed in "sequent toil" (l. 4), which insinuates that time does not necessarily need to be untroubled. Quite the contrary: life seems to be a succession of difficulties and troubles.
The second quatrain is dominated by an allegory as well as a set of metaphors – the stylistic devices help to apply the general concept of time to the life of man. First, the abstract concept of "nativity" (l. 5) is personified and viewed from the perspective of a human being. For us, time does not arouse the same feelings. Its impact does not stay the same but changes in the course of our lives. During childhood, life seems to pass slowly – nativity "crawls" (l. 6) as Shakespeare puts it. As soon as childhood has been metaphorically "crown'd" (l. 6) with maturity, however, our lives seem to rush by so swiftly and might not even be pleasant. Bad fortune is symbolized by the "crooked elipses" (l. 7) of the stars – a stylistic

device that mirrors the Elizabethan belief that different spheres of existence determine a man's fate. The idea that everybody has to die is expressed in the last line of the second quatrain. Life is given to us like a present which we have to give back at a certain point in time. The speaker claims that the "(time) that gave doth (then) his gift confound" (l. 8). Time as such is endless, but our life on earth is taken away from us again.

The third quatrain depicts the effects the ageing process has on human beings. Time takes away "youth" (l. 9) and beauty (l. 10) and this corruptive effect cannot be avoided. Throughout the quatrain, the portrait of time becomes more and more gruesome. In line eleven it becomes a beast that "feeds" on nature's most precious things and in line twelve the mowing "scythe" symbolizes death and "his cruel hand" (l. 14).

Only the poet's verse can bring "hope" (l. 13) as it withstands time and its destructive powers. The sonnet offers immortality, at least in terms of literature.

(487 words)

3. *Grundkompetenzen: comment/evaluation*
Da in dieser Aufgabe Ihre Meinung gefragt ist, können Sie Shakespeares These ablehnen, ihr zustimmen oder einen Mittelweg finden. Auf jeden Fall sollten Sie aber die Argumente für und wider die These abwägen.
Es bietet sich an, in der Einleitung kurz zu erläutern, wieso es sich bei den letzten beiden Zeilen des Gedichts um ein "conclusive couplet" handelt.
– the couplet opposes the three quatrains that describe transitoriness
Führen Sie im Hauptteil Ihrer Ausführungen die verschiedenen Pro- und Contra-Argumente auf und denken Sie daran, dass Sie denjenigen Aspekten, die Ihre persönliche Meinung begründen, stärkere Kraft geben. Mögliche Argumente gegen die These sind:
– times are fast-moving
– artists come and go, mostly without making a lasting impression
Die These wird u. a. gestützt von folgenden Überlegungen:
– the written word lasts longer than the spoken one
– Shakespeare is still dealt with after 400 years
– the people his poems are addressed to, like the dark lady or the young man, are still remembered

In this sonnet, Shakespeare stresses the inevitability of ageing and death in the three quatrains, only to conclude in his final couplet that his poem will defy time's destructive power and lead to eternity. At first sight this idea may seem unconvincing – maybe even ridiculous or megalomaniac – but on second thoughts, the arguments in favour of Shakespeare's view clearly outweigh those against it.

Of course, nowadays everything is very fast-moving and time is said to be money. In an era characterized by ever more rapid technological developments, less and less emphasis is put on literature and art in general. "Artists" come and go, especially those brought forth by the entertainment industry. Mostly they do not leave a lasting impression and after some weeks or months of fame nobody can

remember their faces – not to mention their message, if it existed at all. If those "artists" claimed to render the person they sing or write about immortal, they would definitely be regarded as presumptuous.
By contrast we are still discussing Shakespeare's thoughts, although he wrote his masterpieces some 400 years ago. This fact is enough to prove that he had, and indeed still has, a tremendous impact on society. His plays are constantly performed throughout the world, new editions of his texts are published, lectures on Shakespeare and his works are given, scientific research goes on – in London even the Globe Theatre has been rebuilt. The people Shakespeare's sonnets were addressed to will not be forgotten and thus prove Shakespeare's thesis right. Even though the dark lady or – in case of Sonnet 60 – Mr W. H. were not physically immortal, Shakespeare has immortalized them in literature. Thus, for them the dream of eternal life has become partly true. *(298 words)*

Abiturprüfung NRW – Englisch Grundkurs: Aufgabe 8
The interest of young audiences in Shakespeare

Aufgabentyp: *Literarischer Text, A 2 (analytisch-interpretierende Textaufgabe mit anwendungs-/produktionsorientierter Aufgabenstellung)*
Unterrichtsinhalte: *Shakespeare, Elizabethan theatre; plays; playwriting*

***Julius Caesar* by William Shakespeare**

MARCUS BRUTUS.
Good countrymen, let me depart alone,
And, for my sake, stay here with Antony:
Do grace to Caesar's corpse, and grace his speech
Tending to Caesar's glories; which Mark Antony,
By our permission, is allow'd to make.
I do entreat you, not a man depart,
Save I alone, till Antony have spoke. *[Exit.]*

FIRST CITIZEN.
Stay, ho! And let us hear Mark Antony.

THIRD CITIZEN.
Let him go up into the public chair;
We'll hear him. – Noble Antony, go up.

MARCUS ANTONIUS.
For Brutus' sake, I am beholding to you.
[Goes up.]

FOURTH CITIZEN.
What does he say of Brutus?

THIRD CITIZEN.
He says for Brutus' sake,
He finds himself beholding to us all.

FOURTH CITIZEN.
'Twere best he speak no harm of Brutus here.

FIRST CITIZEN.
This Caesar was a tyrant.

THIRD CITIZEN.
Nay, that's certain:
We are blest that Rome is rid of him.

SECOND CITIZEN.
Peace! let us hear what Antony can say.

MARCUS ANTONIUS.
You gentle Romans, –

CITIZENS.
Peace, ho! let us hear him.

MARCUS ANTONIUS.
Friends, Romans, countrymen, lend me your ears;
I come to bury Caesar, not to praise him.
The evil that men do lives after them;
The good is oft interred with their bones;
So let it be with Caesar. The noble Brutus
Hath told you Caesar was ambitious:
If it were so, it was a grievous fault;
And grievously hath Caesar answer'd it.
Here, under leave of Brutus and the rest, –
For Brutus is an honourable man;
So are they all, all honourable men, –
Come I to speak in Caesar's funeral.
He was my friend, faithful, and just to me:
But Brutus says he was ambitious;
And Brutus is an honourable man.
He hath brought many captives home to Rome,
Whose ransoms did the general coffers fill:
Did this in Caesar seem ambitious?
When that the poor have cried, Caesar hath wept:
Ambition should be made of sterner stuff:
Yet Brutus says he was ambitious;
And Brutus is an honourable man.
You all did see that on the Lupercal
I thrice presented him a kingly crown,
Which he did thrice refuse: was this ambition?
Yet Brutus says he was ambitious;
And, sure, he is an honourable man.
I speak not to disprove what Brutus spoke,
But here I am to speak what I do know.
You all did love him once, – not without cause:
What cause withholds you, then, to mourn for him?
O judgement, thou art fled to brutish beasts,
And men have lost their reason! – Bear with me,
My heart is in the coffin there with Caesar,
And I must pause till it come back to me.

FIRST CITIZEN.
Methinks there is much reason in his sayings.

SECOND CITIZEN.
If thou consider rightly of the matter,
Caesar has had great wrong.

THIRD CITIZEN.
Has he, masters?
I fear there will a worst come in his place.

FOURTH CITIZEN.
Mark'd ye his words? He would not take the crown;
Therefore 'tis certain he was not ambitious.

FIRST CITIZEN.
If it be found so, some will dear abide it.

SECOND CITIZEN.
Poor soul! His eyes are red as fire with weeping.

THIRD CITIZEN.
There's not a nobler man in Rome than Antony. *(533 words)*

From: Shakespeare, William: Julius Caesar.
In: Shakespeare, William: The Complete Works.
New York: Dorset Press, 1988, p. 597–598.

l. 21 to behold to s.b. = here: to hold the mirror up to s.b.
l. 40 to inter = to bury
l. 53 general coffers = treasury
l. 54 did this in Caesar seem = did this mean that Caesar was
l. 59 the Lupercal = a Roman feast

Aufgabenstellung

1. Was Caesar "a tyrant" (l. 25)? Explain this against the backdrop of the given excerpt.
2. Analyse how stylistic means are used to turn Marcus Antonius' mourning into an effective political speech.
3. Creative writing: write an additional part to the scene in which Caesar's ghost appears.

Lösungsvorschläge

1. *Grundkompetenzen: comprehension/orientation/context*
Es wird von Ihnen erwartet, dass Sie die in der Rede des Marcus Antonius gespiegelten Behauptungen von Brutus (l. 42) mit der Auffassung von Marcus Antonius (ll. 46, 52, 60) kontrastieren und beide Standpunkte kurz zusammengefasst darbieten.
– *Brutus condemns Caesar as an ambitious man and a tyrant*
– *Mark Antony calls Caesar a faithful and just friend; his humble behaviour can be seen in the refusal of the crown*
Es ist möglich, ein persönliches Fazit einzubringen. Indem Sie Caesars Ablehnung der Krone als politisches Kalkül deuten, können Sie Ihre Textkenntnis hervorheben.

Two contrasting views concerning Caesar being a tyrant are directly and indirectly expressed in this excerpt. On the one hand, Brutus, Caesar's foster-son, considers him ambitious and power-crazed, which is mirrored in Mark Antony's speech. On the other hand, Mark Antony himself remembers Caesar as a loyal friend and a magnanimous ruler, who simply gained affluence – even wealth – and glory for all Romans without having an eye to furthering his own interests and without profiteering from his status.
According to Mark Antony's remarks, Brutus believes that Caesar was dominated by his ambitions, relishing the power and the money he got. Therefore, from his perspective, Caesar's refusal to take the crown must have been owing to political foresight and not to an unwillingness that was rooted in modesty. It is inferred that Caesar always wanted to benefit from his actions more than to help the nation – it seems he was a tyrant, and the audience supports this view explicitly (l. 25).
Mark Antony voices the opposite opinion. He talks of Caesar as a "faithful and just" (l. 49) man, who not only won many victories for Rome, but also enriched the city (ll. 52/53). His actions were in the best interest of the Roman citizens, of the rich as well as of the poor. And for this reason the people of Rome "all did love him once" (l. 66). They had great affection for their leader during the good times. However, the admiration and support for Caesar obviously vanished, as the citizens are now glad that he is dead (l. 28). In the light of this development the new attitude towards Caesar appears to be a pretence that merely serves to justify the people's faithlessness. *(256 words)*

2. *Grundkompetenz: analysis*
Die politische Wirksamkeit der Rede ergibt sich stilistisch gesehen aus der Art der Ansprache und aus der Verwendung von Sprachsymbolik, Ausrufen, antithetischen Parallelismen und Wiederholungen sowie starker Ironie.
Sie sollten zunächst darlegen, dass die direkte Ansprache durch ihre Steigerungen und Verallgemeinerungen das Publikum auf und vor der Bühne in das Geschehen einbindet.
– *direct address including everybody, declaration of intention*
Im Folgenden wird durch das Verhalten der Zuschauer auf der Bühne die Rezep-

tion im Theaterpublikum präformiert. Sie sollten erkennen, dass Antonius' plastische Sprache (pars pro toto: die Ohren der Zuschauer für die Zuschauer selbst, ll. 36/37; Symbole: z. B. „My heart is in the coffin", l. 70) seine Gefühle zeigt und politische Betroffenheit beim Publikum erzeugt.

– summons audience as witnesses to Caesar's unimpeachable character

– uses imagery and symbolic language to convey his positive view of Caesar

Die Gefühlstiefe wird auch durch Exklamationen betont (l. 69). In der Rede werden außerdem gezielt Zweifel gesät, und zwar durch die Verwendung von Konditionalsätzen II (l. 43) sowie durch Wiederholungen bzw. parallele Konstrukte, die Antonius' Ironie verstärken und seine Argumentation tragen (z. B. l. 55). Die sich steigernde Unsicherheit der Zuschauer, die schließlich in ein Umdenken mündet, wird durch rhetorische Fragen und Wortspiele gefördert: Der zentrale Ausdruck „brutish beasts" (l. 68) ist gleichzeitig ein Beispiel für eine Alliteration. Kontraste, wie sie etwa durch das Bindewort „but" ausgedrückt werden, zeugen von dem antithetischen Charakter des Dargebotenen (l. 65).

– repeats Brutus' allegations and disproves them

– sarcasm becomes more and more obvious through parallelisms and repetitions

– citizens' reactions prove political effectiveness

The speech Mark Antony delivers at Caesar's funeral is very effective, because it changes the personal sentiments of the audience in regard to Caesar's behaviour and thus changes the political situation. Stylistic devices such as direct address, repetition, antithesis, rhetorical questions and imagery all contribute to discrediting Brutus' critical point of view. At the same time, Mark Antony's positive judgement of Caesar is put forward.

Mark Antony begins his speech with a direct address. The ascending scale of the climax makes every person in the audience feel included. The address broadens from only referring to a small group of people, "the friends" (l. 36), to everyone, "the countrymen" (l. 36). The way Mark Antony addresses the audience becomes increasingly appealing in the course of the speech as he summons them as witnesses to Caesar's unimpeachable character (ll. 59/60), and it seems most demanding and challenging when Marc Antony directly asks the audience to justify their feelings and behaviour towards their former leader: "You all did love him once, – not without cause: / What cause withholds you, then, to mourn for him?" (ll. 66/67). The generalisation "you all" bonds the listeners together, as they all belong to one specific group of people. The accusation which is inherent in the claim that the listeners do not love Caesar any more, even though he did a lot for them, is both strong and bearable because the feelings of guilt and uneasiness are shared by a lot of people. As everybody is blamed, the blame seems less harsh. Nobody is personally offended and the speech does not lose its effectiveness. Furthermore, the address excludes the speaker and thus illustrates the exceptional relationship between Caesar and Mark Antony. The listener is left in no doubt that Mark Antony has always admired, respected and loved Caesar, and still does.

The speaker's honest and unique devotion to Caesar and the grief over his death is also apparent in the last lines of his speech, in which a play on words and effective

imagery is deployed. Extremely emotionally, which is indicated by the usage of the exclamation mark, Mark Antony states that "judgement, [...] art fled to brutish beasts, / and men have lost their reason!" (ll. 68/69). The alliterative pun "brutish beasts" has an ambiguous meaning that makes the audience feel insecure and uncomfortable about their opinion. The adverb refers to the violence and aggressiveness of wild animals – their brutality – and to the fact that the murderers of Caesar were led by Brutus. Mark Antony's sentiments about the deed of the traitors and their leader are further clarified by the usage of a symbol in the following sentence, in which he states that his "heart is in the coffin there with Caesar" (l. 70). The heart stands for deep affection, showing that a part of Mark Antony himself died along with Caesar.
In addition, repetitions, parallel structures and rhetorical questions convey important aspects of Mark Antony's argumentation. Several times he repeats accusations against Caesar put forth by the people and especially by Brutus and directly disproves them in the following sentence: "the noble Brutus hath told you", Mark Antony explains, "(that) Caesar was ambitious". "If it were so", he continues, "it was a grievous fault" (ll. 41–43). The conditional sentence construction serves to show that the speaker is not talking about the truth but about an undue allegation. Thereby, Mark Antony spreads doubt and consequently uses it to create a more positive image of Caesar.
Similar structures of argumentation are frequently repeated in order to emphasize that Caesar's image as a tyrant is merely the result of a political campaign. To disconcert the audience in their blind trust in Brutus, Mark Antony additionally uses several rhetorical questions (ll. 54, 61) and ironically refers to the murderer as "an honourable man" several times. With each repetition the irony becomes more obvious and finally turns into sarcasm. Of course, everybody in the audience understands that Brutus is not a very honourable man: instead he murdered his own stepfather in order to gain power. It is clever of Mark Antony to avoid insulting Brutus, as he is very popular among the audience (l. 23). Resorting to irony, he enables every listener to make out for himself what he wants to believe. He stresses that he does not want to "disprove what Brutus spoke, but [...] to speak what (he does know)" (ll. 64/65). The connective "but" underlines the contradiction between the truth Mark Antony advocates – and which is based on knowledge – and Brutus' accusation, which is merely based on words. Further antitheses make evident that the opinion of a truly honourable man stands against the opinion of a man who only seems to be honourable.
All in all, the speech is very convincing due to the well-structured argumentation and clever usage of stylistic devices. Mark Antony succeeds in capturing the citizens' attention and finally in changing their attitudes. Shakespeare confirms the political effect of the mourning by the statement of one listener, who evaluates the significance of Mark Antony's speech and thus preforms the reaction of the Elizabethan audience: "Methinks there is much reason in his sayings" (l. 73).

(830 words)

3. *Grundkompetenz: creation of text*
Die Imitation Shakespeare'scher Sprache erreichen Sie einerseits durch das Einfügen stilistischer Elemente (z. B. Metaphern) sowie lexikalischer Besonderheiten des Frühneuenglischen (z. B. „art", „thou", „thee" o. Ä.) und andererseits durch die Übernahme des Sprachduktus von Marcus Antonius. Dabei sollten Sie in jedem Fall die Besonderheiten der elisabethanischen Bühne beachten: Binden Sie z. B. durch Regieanweisungen verschiedene Bühnenzonen in Ihre Szene ein und verwenden Sie spoken stage (d. h. eine Beschreibung des Handlungsortes in den Repliken der Charaktere).
Shakespear'sche Brillanz kann hierbei selbstverständlich nicht von Ihnen erwartet werden – so ist z. B. die kreative Umsetzung Shakespeare'scher Sprachrhythmik nur in herausragenden Einzelfällen erreichbar. Versuchen Sie es doch einfach einmal.
– spoken stage
– Elizabethan vocabulary, style
– maybe iambic pentameter
[Caesar's ghost is seen walking on the balcony.]

FIRST CITIZEN.
Did ye just see what my eyes caught sight of?
Did ye just hear what my ears perceived?

SECOND CITIZEN.
'Twas just the howling of the wind
The lightning's flash that thou did see.

[Exeunt]

Enter Mark Antony (not aware of the ghost on the balcony).

MARCUS ANTONIUS.
Oh, Caesar, thee I had to bury,
'Twere best thou still had lived,
Not for myself, but Rome I fear.

CAESAR'S GHOST.
Thou need not fear for Rome, my friend.
The city hath endured so much,
And will endure much more so still.
It is of need much more than this
To shatter Rome, the mighty.

(Mark Antony turns towards the ghost.)

MARCUS ANTONIUS.

Shatter her may Brutus not,
Yet plant the evil seeds of doubt
That prevail while humans live,
Man believes the worst in man,
The good deeds done fall to oblivion.
All glory taken from the worthy,
And the righteousness undone.
The gleaming blade of murder striking,
Right into the heart of Rome,
The villain not accused, nor blamed,
The roaring crowd abides his speech,
The honourable man of Rome!
Oh, Brutus, what have thou done!

CAESAR'S GHOST.

Waste not thy tears,
Thy strength and valour are now needed,
To heal the bleeding heart of Rome.

MARCUS ANTONIUS.

Strange I fear thou not,
The bloody stains upon your skin.
Hath left thy truest soul untouched –
Thou hath returned to me my friend.

Exit Caesar

And if not I make you live. *(263 words)*

Abiturprüfung NRW – Englisch Grundkurs: Aufgabe 9
Visions of the future – exploring alternative worlds

Aufgabentyp: *Literarischer Text, A 1 (Textaufgabe mit analytisch-interpretierendem Schwerpunkt)*
Unterrichtsinhalte: *utopia and dystopia, science fiction, science and ethics, exploring alternative worlds; novel; comment*

The Hitchhiker's Guide to the Galaxy by Douglas Adams

Vogon poetry is of course the third worst in the Universe. The second worst is that of the Azgoths of Kria. During a recitation by their Poet Master Grunthos the Flatulent of his poem "Ode to a Small Lump of Green Putty I Found in My Armpit One Midsummer Morning" four of his audience died of internal haemorrhaging, and the President of the Mid-Galactic Arts Nobbling Council survived by gnawing one of his own legs off. Grunthos is reported to have been "disappointed" by the poem's reception, and was about to embark on a reading of his twelve-book epic entitled *My Favourite Bathtime Gurgles* when his own major intestine, in a desperate attempt to save life and civilization, leaped straight up through his neck and throttled his brain.

The very worst poetry of all perished along with its creator, Paula Nancy Millstone Jennings of Greenbridge, Essex, England, in the destruction of the planet Earth.

Prostetnic Vogon Jeltz smiled very slowly. This was done not so much for effect as because he was trying to remember the sequence of muscle movements. He had had a terribly therapeutic yell at his prisoners and was now feeling quite relaxed and ready for a little callousness.

The prisoners sat in Poetry Appreciation chairs – strapped in. Vogons suffered no illusions as to the regard their works were generally held in. Their early attempts at composition had been part of a bludgeoning insistence that they be accepted as a properly evolved and cultured race, but now the only thing that kept them going was sheer bloody-mindedness.

The sweat stood out cold on Ford Prefect's brow, and slid round the electrodes strapped to his temples. These were attached to a battery of electronic equipment – imagery intensifiers, rhythmic modulators, alliterative residulators and simile dumpers – all designed to heighten the experience of the poem and make sure that not a single nuance of the poet's thought was lost.

Arthur Dent sat and quivered. He had no idea what he was in for, but he knew that he hadn't liked anything that had happened so far and didn't think things were likely to change.

The Vogon began to read – a fetid little passage of his own devising.

"Oh freddled gruntbuggly ..." he began. Spasms wracked Ford's body – this was worse than even he'd been prepared for.

"? ... thy micturations are to me. As plurdled gabbleblotchits on a lurgid bee."

"Aaaaaaarggggghhhhhh!" went Ford Prefect, wrenching his head back as lumps of pain thumped through it. He could dimly see beside him Arthur lolling and rolling in his seat. He clenched his teeth.

"Groop I implore thee," continued the merciless Vogon, *"my foonting turlingdromes."*

His voice was rising to a horrible pitch of impassioned stridency. *"And hooptiously drangle me with crinkly bindlewurdles, / Or I will rend thee in the gobberwarts with my blurglecruncheon, see if I don't!"*

"Nnnnnnnnnyyyyyyuuuuuuurrrrrrrggggggghhhhh!" cried Ford Prefect and threw one final spasm as the electronic enhancement of the last line caught him full blast across the temples. He went limp.

Arthur lolled. *(506 words)*

From "The Hitchhiker's Guide to the Galaxy" by Douglas Adams, chapter 7,
copyright © 1979 by Douglas Adams. Used by permission of Harmony Books,
a division of Random House, Inc.

Explanation of context: The human protagonist Arthur Dent has to leave the earth because it gets destroyed to make way for an intergalactical highway. Together with Ford Prefect, who gives him a lift, he explores the universe.

l. 1 Vogon: type of alien
l. 2 Azgoths of Kria: alien people

Aufgabenstellung

1. Briefly explain the intentions of the Vogon captain.
2. Analyse the stylistic means that are used to make a mockery of poetry.
3. Considering fictional and non-fictional examples of the (mis-)use of modern technology (e.g. of genetic engineering or – more trivial – of the poetry appreciation chairs) comment on the following statement: "Any invention will turn against somebody one day".

Lösungsvorschläge

1. *Grundkompetenz: comprehension/orientation/context*
   Hier geht es um die zentrale Erkenntnis, dass sich die Vogons der Qualität und Wirkung ihrer Dichtung bewusst sind und sie aus Boshaftigkeit und zur Strafe bzw. Folter einsetzen.
   Ihre Ausführungen sollten auf jeden Fall kurz und präzise sein – die Verwendung des Wortes „briefly" in der Aufgabenstellung weist darauf hin, dass Sie die Zeit noch anderweitig benötigen werden.

In the given excerpt of "The Hitchhiker's Guide to the Galaxy", Douglas Adams ridicules the positive connotations the word "poetry" brings about in many readers. The function of arts as a bringer of light to ignorance and a creator of beauty is inverted when the Vogon captain Jeltz employs his people's poetry to torture his prisoners. Vogon poetry is described as one of the worst kinds of literature found in the entire universe. Not only do Vogon poems cause a lot of pain, but they are also able to kill people. The cruelty of the captain's intentions is made perfectly clear as the reader gets to know that the "Vogons suffered no illusions as to the regard their works were held in" (ll. 16/17). The captain (mis-)uses his lines of verse out of sheer "callousness" (l. 15). The painful effect is additionally enhanced by technological means. *(142 words)*

2. *Grundkompetenz: analysis*
Sie sollten in Ihrer Antwort erläutern, dass Adams durch sprechende Namen Bezüge zur (britischen) Literaturgeschichte herstellt und die menschliche Dichtung verspottet. Er unterstreicht seine Ironie durch starke Übertreibungen, durch den gezielten Einsatz der Erzählperspektive und durch eine völlige Inkongruenz zwischen Inhalt und Form der Gedichte. In den Gedichtabschnitten finden sich u. a. sinnlose Imitationen von gängigen Stilmitteln wie Vergleichen, Übertreibungen, Ausrufen oder direkten emotionalen Ansprachen wie auch von elisabethanischer Sprache.
Formulieren Sie zudem die Erkenntnis, dass die Namen für die absurden technischen Geräte Bezüge zur aktuellen Techniksprache beinhalten (ll. 22/23). So werden die authentische, natürliche Intensität von Dichtung und der Nutzen von technologischem Fortschritt gleichermaßen infrage gestellt.

In the given excerpt, Douglas Adams makes a mockery of poetry by using onomatopoeic names and by creating a friction between form and content of the Vogon texts. He critically alludes to the history of British literature and to the current perception of poetry. Onomatopoeia, flowery style and narrative technique contribute to the irony inherent in the passage.
The names of the two poets mentioned in the excerpt are artfully chosen. Whereas the name of the Vogon poet seems melodious and extraordinary, the name of the human poet is down-to-earth in the true sense of the word. The Azgoth label "Poet Master Grunthos the Flatulent" (l. 2) is highly connotative. "Poet Master" reminds the readers of the titles awarded to poets or writers as a sign of recognition for their works, such as the "Poet laureate" during the English Renaissance. The word "Grunthos" consists of a suffix which makes it sound classically Greek and the English verb "grunt" which inverts the positive image. The noun "Flatulent" also seems positive but it is a synonym for both a haughty person who seeks to impress other people and in order to do so exaggerates or changes the truth, and for someone who frequently passed wind. The worst poet in the universe is "Paula Nancy Millstone Jennings" (l. 10). By choosing such an obviously British name and stating that Ms Millstone Jennings was born in Essex, the author focuses his irony on his home country.

The titles of the poems also mock poetry because on the one hand they match the style of Romantic writing, and on the other hand they seem ridiculous. Whereas the English "Poet laureate" John Keats wrote his odes to beautiful things like an old Grecian urn, for example, the dedication of the Vogon captain's lines "to a small Lump of Green Putty (he) found in (His) Armpit" (l. 3) just seems out of place and weird. In the stanzas, the friction between form and content is stressed by the pointless usage of comparisons ("as plurdled gabbleblotchits", l. 32), neologisms ("gruntbuggly", l. 30), Shakespearean language ("thee", l. 36), exclamations ("see if I don't", l. 40), and direct emotional address. Like the title, all these stylistic devices remain completely meaningless.
The electronic equipment of the Vogons is supposed to support and intensify the reception of the poem (ll. 23/24) – it is devised to "heighten the experience" of literature (l. 25). In the Vogon world, modern devices seem to be necessary in order to convey art to an audience and thus punish them. This use of technology ridicules poetry and scientific progress at the same time. It shows that mere poetry can be meaningless in a modern world and it raises doubt concerning inventions and new technologies as such. The harmful effects of Vogon technology are made obvious by onomatopoeia. The screams of agony and pain from the prisoners are spelled out, as can be seen in lines 33 and 41.
The excessive use of stylistic means and consequent lack of comprehension show how easily we get trapped by seemingly sophisticated pieces of writing. Adams shows that the message behind a piece of poetry possibly gets lost behind conventions. *(520 words)*

3. *Grundkompetenz: evaluation*
In Form eines Kommentars (s. u.) oder einer Diskussion sollten Sie wichtige Argumente für und wider die aufgestellte Behauptung gegenüberstellen. Der Unterschied zwischen Kommentar und Diskussion besteht vor allem darin, dass Sie zu Beginn eines Kommentars bereits Ihre persönliche Auffassung formulieren und diese im Anschluss belegen. Bei einer Diskussion gehen Sie dagegen von einer offenen Frage aus, erläutern die Pro- und Contra-Argumente und kommen dann erst zu einem zusammenfassenden persönlichen Urteil. In beiden Fällen ist es wichtig, dass Sie Ihre individuelle Auffassung sprachlich kennzeichnen und inhaltlich begründen. Bei der inhaltlichen Begründung wird von Ihnen erwartet, dass Sie umfassendes Vorwissen einbringen.

It was the Greek philosopher Plato who once stated that necessity is the mother of invention. Today, nearly 2400 years later, the same observation can be made. If humans are in a difficult situation or are bothered or seriously troubled by a problem, innovations emerge. Once the problem is solved, however, far more difficult problems may arise: in fact most innovations can harm and destroy life even though they were designed to make it better. But is it really true that "any invention will turn against somebody one day"? It is sad to admit, but I truly believe that whatever the original purposes of inventions are, they will sooner or later show their disadvantages or they will be misused intentionally.

A prominent example is genetically modified food, hailed by some as the solution to starvation and hunger in the Third World and damned by others who believe these foodstuffs are a breach of natural laws. There is no doubt that new technologies enable humankind to interfere with nature, but the question is whether it does more good than bad. When looking at genetically altered crops, there are advantages and disadvantages, proving either point of view. High Yielding Varieties of rice, for example, have helped to feed the booming population of Bangladesh and India for the last 15 years. Unfortunately, these GM crops need soil with a high nutritional level and the soils of both countries have been gradually depleted, with no change for the better. Soon the problems will be greater than ever before.

A similar issue which sparks a vivid discussion is the cloning of animals and humans. Once more we have to consider what damage might be imposed on the next generations. Being able to clone organs may save lives, but will it stop there? Will it not further the hope of being immortal? Every time an organ is in danger of failing, it can be replaced – the human body will increasingly resemble a car that can always be patched up and repaired. Likewise, the alteration of human genes can have both positive and negative effects. At first sight, being able to detect diseases and to cure serious illnesses by changing a human being's genetic code is positive. On second thoughts, however, it seems less positive because mankind has to take difficult decisions that call for a lot of responsibility.

The problem of responsibility reminds me of John O'Farrel's fictitious story about "The Sperm Sorting Machine", that is supposed to help parents choose the characteristics – and especially the gender – of their child. What help is that, apart from giving over-challenged parents one more terrible burden? The movie "Gattaca" hints at the fact that the decoding of genetic information can even cause discrimination. If the vision presented in the movie becomes reality, we will need to be completely free of any genetic defect in order to be happy and successful. All those people with small defects such as bad eyesight or heart problems will be regarded as the dregs of society and left by the wayside.

Another fictitious example of the deliberate misuse of technology is, of course, Adams' poetry appreciation chairs. Originally created to increase the appreciation of poetry, they are later deployed as a means of torture. In *The Hitchhiker's Guide to the Galaxy*, technology helps to maintain or extend power – it furthers megalomania and sadism. The use of nuclear fission and the misuse of the nuclear bomb show that this problem is not confined to imaginative scenarios. Thousands of people may use an invention wisely, but one single person may not and this can have serious consequences. There is a black sheep in every family and therefore I personally believe that any invention will always turn against someone some day.

(633 words)

Abiturprüfung NRW – Englisch Grundkurs: Aufgabe 10
Visions of the future – exploring alternative worlds

Aufgabentyp: *Sach- und Gebrauchstext, A 2 (analytisch-interpretierende Textaufgabe mit anwendungs-/produktionsorientierter Aufgabenstellung)*
Unterrichtsinhalte: *utopia and dystopia, science and ethics, the media; narrative texts; short story*

Farewell to privacy: civil liberties and the secret revolution

It is hardly news that increasing quantities of personal data are recorded and stored on the computers of the world. Nor is it surprising that, with the development of digital photography, it is easier than ever to store and retrieve closed-circuit television (CCTV) footage. Few people would have suspected, however, that there are more CCTV cameras in Britain than anywhere else, in relation to the size of our population.

What is surprising, then, in the light of dire warnings about the growth of the apparatus of the surveillance state, is how harmless this revolution has been so far. CCTV may even work locally in deterring crime, but there is plenty of evidence that it simply shifts criminal activity elsewhere.

It has also become a staple of police investigation after serious crimes have occurred. This is where the surveillance revolution is most visible. But it has many other aspects. Mobile phone logs, which record the time and place of their use, have played an important part in many recent court cases, from Damilola Taylor to the Soham murders.

Despite the laggardly and incomplete attempts of the law to keep up with technological change – the use of CCTV was virtually unregulated until three years ago, when it was brought within the ambit of the Data Protection Registrar – there have been few instances of the misuse of personal information by the authorities.

However, that should be no reason for lowering our guard against the erosion of civil liberties. There are many pressures to relax data-protection law that must be vigorously resisted. Several recent news stories have prompted demands that public authorities and companies should share personal data more rather than less. In the Soham case, Humberside police blamed data-protection law for their failure to pass on intelligence about Ian Huntley to the Cambridgeshire force. British Gas was criticised for failing to pass on information about an elderly couple who appeared unable to afford their bills, and who later died. And a chemist found that the police would not accept data from his medical records about an alleged assailant. In each case, however, the Data Protection Act was used as an excuse for inaction by inefficient bureaucracies.

There is simply no general case for relaxing the protections on the use of private information. Nor is there a pressing need for identity cards, which David Blunkett, the Home Secretary, wants. There is little that identity cards can do that cannot already be done by a myriad other forms of monitoring; and there is nothing about identity cards that makes them any harder to forge by determined criminals.

Yet while the argument about identity cards has been fought, the stealthy revolution has made far greater potential inroads into our privacy.

With supermarket loyalty cards tracking our purchases, even before we get into Internet shopping, and the new Oyster pre-pay card in London tracking many people's journeys on the Underground and buses, all the data required by a total police state already exists.

What is missing is a malign political purpose to which such information might be put and an agency ruthless and efficient enough to use it. Fortunately, we in Britain are a long way from such a nightmare. But keeping that distance is an essential defence of freedom – far more important than the external threat from Brussels so readily conjured by the Europhobes.

It is because individuals should never cede too much power to the state that we should remain vigilant when new powers are sought against terrorism, or when the populist cry goes up to take fingerprints, DNA samples or iris patterns from everyone.

It is a fundamental protection of liberty that information collected for one purpose should not be used for another – except for the prevention or detection of serious crime. So far, that principle has held through the silent revolution. It must continue to do so.

(ca. 647 words)

Anon., Independent Digital, January 12, 2004.

l. 14	Damilola Taylor: a ten-year old boy from Nigeria who was killed in London
ll. 14/15	Soham murders: reference to the murder of two ten-year-old British girls
l. 25	Ian Huntley: the man found guilty of the Soham murders
l. 39	Oyster: name of a pre-pay card, which allows travel on London transport

Aufgabenstellung

1. What is the revolution mentioned in the article? Why is it "secret" and "silent"?
2. Why can the article be called a comment? Analyse.
3. Write a short crime story from the point of view of someone who operates a CCTV.

Lösungsvorschläge

1. *Grundkompetenzen: comprehension/orientation/context*
   Die so genannte Revolution besteht zum einen in der zunehmenden Überwachung der Gesellschaft mithilfe moderner Medien, zum anderen aber auch in einem Wandel in den Köpfen der Menschen.
   - *digital photography, CCTV, mobile phones, etc. produce a lot of data about people in Britain*
   - *people are often careless about the information they give away*
   - *they even demand data to be used more widely to ensure their safety*

   Der Autor hält diese Entwicklung für gefährlich, weil sie unbemerkt vonstatten geht. Den Menschen ist oft gar nicht bewusst, wie viele Daten über sie existieren. Da es glücklicherweise noch keine nennenswerten Fälle von Datenmissbrauch gegeben hat, sind große Teile der Gesellschaft recht sorglos in Bezug auf Datenschutz.

In the article "Farewell to privacy: civil liberties and the secret revolution" published in the Independent Digital in January, 2004, the author depicts the development towards a total police state, which he/she fears Britain is becoming. He tries to call the reader's attention to a secret revolution that may lead to decreased civil liberties and privacy.
On the one hand, this revolution is a technological one: the journalist explains that the introduction of digital photography paved the way to a world that is constantly checked on by modern media. New technology makes it "easier than ever to store and retrieve closed-circuit television (CCTV) footage" (ll. 3/4) all over the country. Additionally, many consumers are tempted to fall for products that spy on them, for example, they use "mobile phone logs, which record [...] time and place" (l. 13). Innovative marketing strategies like the "supermarket loyalty card" and the new "Oyster pre-pay card in London" are successful – but not in terms of consumer protection: they track purchases and record the journeys people make.
On the other hand, the revolution can be seen as a social one. People's attitude towards the importance of the Data Protection Act, which ensures that personal information has to be kept in confidence, has become more lax. There have even been "demands that public authorities and companies should share personal data more rather than less" (ll. 22/23), which may lead to an increasing misuse and a loss of privacy.
Until now the development has seemed rather harmless and is hardly visible – the revolution is "secret" and "silent". The majority do not even realize that they are being monitored and which data is available about them. Yet even though the process cannot be perceived easily, it continues steadily. According to the author, it only takes a "malign political purpose to which such information might be put" (ll. 42/43) for the silent revolution to become rather "loud" and turn into a nightmare. *(362 words)*

2. *Grundkompetenz: analysis*
Zeigen Sie, dass der Zeitungsartikel typische Merkmale eines Kommentars besitzt:
– the author expresses his own opinion
– he tries to influence the reader and to persuade him of his opinion
Nach Meinung des Autors muss die Gesellschaft vor Datenmissbrauch geschützt werden, damit einem Überwachungsstaat vorgebeugt werden kann. Um den Leser von dieser Einstellung zu überzeugen, werden sprachliche und strukturelle Mittel verwendet.
– he uses expressions with negative connotations (e. g. "surveillance state", "total police state")
– impersonal expressions and the passive voice make the author appear more objective
– possible counter-arguments are foreseen and refuted
– the reader is addressed directly, involved by the use of everyday examples and appealed to

The article can be classified as a comment because the author states his/her opinion openly and attempts to influence the reader. This is mainly done by presenting astonishing facts, refuting counter-arguments, involving the reader, and by creating a dystopian vision. At the end, the author draws a conclusion, in which he/she appeals to the reader.

The text deals with the danger of losing too much privacy, owing to the fact that today's technology makes it possible to monitor almost every person in the world. The journalist starts by stating well-known facts about technological progress and data storage. As this "is hardly news" (l. 1), it seems all the more surprising when the author confronts his readers with the fact that Britain ranks first when it comes to using technological progress and data storage for observation. In fact, "there are more CCTV cameras in Britain than anywhere else, in relation to the size of (the) population." (ll. 4/5). In the following, the journalist's attitude towards this fact becomes entirely clear as he uses negative expressions in order to describe possible consequences – to his mind, Britain faces the threat of becoming a "surveillance state" (ll. 8, 40).

Accordingly, the author seems to be afraid of an "erosion of civil liberties" (ll. 20/21) and claims that any "pressures to relax data-protection law […] must be vigorously resisted" (ll. 21/22). The metaphor in the first quote underlines the fact that the author considers freedom the basis of our lives – it appears to be the firm ground we stand on. The usage of words like "must" and "vigorously" in the second quote show the determination of the author. Even though the appeal inherent in the text seems intense and personal, the author never uses the personal pronoun "*I*" but rather employs impersonal expressions (ll. 27, 44) or the passive voice (l. 17) – as a consequence the journalist's personal evaluation has a neutral and objective appearance.

Throughout the text, counter-arguments are disproved or at least weakened. The author has to admit, for example, that video footing "may even work locally in deterring crime" (l. 9) but affirms that "there is plenty of evidence that it simply shifts criminal activity elsewhere" (ll. 9/10). If surveillance technology simply moves crime to another place – instead of helping to reduce it – it does not make sense. The argument that data storage and retrieval should be intensified for the sake of successful police investigations (ll. 22/23) is refuted by pointing at Humberside police, who "blamed data-protection law for their failure to pass on intelligence" (ll. 24/25) to other agencies. However, according to the author of the article, it was not the Data Protection Act that hindered the investigation, but "inefficient bureaucracies" (ll. 29/30).

The author involves the reader by addressing him/her directly (l. 43) and by giving everyday examples for the collection of data. Indeed, almost everybody uses supermarket loyalty cards and local transport tickets, but hardly anybody has ever thought about the potential dangers. At the end of the article, the author carries his argumentation to extremes and creates a shocking dystopia, which is based on the fact that all the data which is needed for a total police state is already available (ll. 40/41). Orwell's 1984 seems to be lurking in 2004 – delayed by exactly 20 years.

The last feature of his article is the appealing conclusion, which is characteristic of a comment. The reader is again directly challenged to be careful, for example, "when new powers are sought against terrorism" (l. 48). The author expresses his conviction that "information collected for one purpose should not be used for another" (ll. 51/52). This principle can only be maintained if people realise that they have to guard their privacy. *(614 words)*

3. *Grundkompetenz: text production*
Ganz allgemein ist es beim Verfassen einer Kurzgeschichte wichtig, dass Sie das Sprachniveau dem gewählten Erzähler anpassen. Achten Sie beim Schreiben des Weiteren auf das Tempus: Short stories werden in aller Regel in der Vergangenheit geschrieben.
Weitere Vorgaben ergeben sich aus der konkreten Aufgabenstellung. Zunächst soll die Geschichte kurz sein: Sie können sich also nicht mit einer ausschweifenden Einleitung aufhalten, sondern sollten ganz nach dem Prinzip der Kurzgeschichten in medias res gehen (d. h. sofort mit der Handlung einsetzen). Eine Kriminalgeschichte bedarf natürlich eines Verbrechens, eines Detektivs o. Ä., eines Opfers und vor allem jeder Menge Spannung. Dies erreichen Sie u. a. durch einen gut gewählten Schauplatz, z. B. ein dunkles Parkhaus oder einen nächtlichen, menschenleeren Platz. Bedenken Sie auch die Wirkung bewusst eingesetzter Adjektive und Adverbien. Stilistisch tragen kurze Satzbaumuster zur Steigerung der Spannung bei.
Laut Aufgabenstellung wissen Sie im Hinblick auf den Erzähler nur etwas über seine Tätigkeit. Ihnen ist daher freigestellt, ob der Erzähler zum Beispiel an einer Überwachungskamera Zeuge eines Verbrechens wird, ob er aktiv eingreift oder nicht usw. Natürlich könnte er auch selbst der Täter sein, z. B. im Sinne des im Zeitungsartikel thematisierten Datenmissbrauchs.

It was one of those Sunday nights which did not seem to have an end. I had watched that police movie I had brought with me, but it was too bad to keep me awake. I had tried to have a talk with my girlfriend, but after 20 minutes she hung up and went down to the pub with Carol. I skimmed through yesterday's paper and tried to understand why United had lost again, but my eyes just refused to read on. For five hours I had been sitting in that small, dirty chamber in the underground car park – six screens, showing the darkest corners of Turnbull.

I had been working here for more than twelve months, but there had never been anything different on the screens than cars and grey walls – no killer, no car thief, not even a dangerous looking person. Why should that night be different?

I leaned back in my armchair and closed my eyes. When I opened them again I observed a man, probably in his mid-30s, a handsome guy with long, black hair and a long, black coat. He moved towards the red Lamborghini in box 424. I drew a bit nearer to the screens and started to take a closer look at the man. Was it possible that this guy owned such a terrific car? Suddenly I saw a knife flashing in his hand – and it took him two seconds to break the Lambo open, without leaving a trace.

My heart was in my mouth when I hurried to the phone and called the police. Five minutes, they said. But the worst was till to come. Another screen showed a woman, young and beautiful, who made a beeline for the red Lamborghini. I took a deep breath. Still four minutes till the police could be there. The man and the woman saw each other. She screamed, and the man hit her hard. I was prepared for the worst. I could not wait any longer. I grabbed my baseball bat, took another deep breath and rushed outside.

The woman was still screaming, obviously in pain. I sneaked up to the two, just one beat and that beautiful lady would be free. I plucked up my courage and landed a stroke on the guy's head. For a short second, the criminal seemed to be beaten, he tottered and grimaced with pain. It was exactly that moment that the woman was able to break away from her attacker. Without a word, she ran out of my underground car park. When I turned around again, the man had gone. I was shocked: how could I not have noticed him passing by?

I quickly ran back to my room, locked the door firmly and sat down in the armchair. I was completely alone, and my head was aching. Nobody would believe me unless I had definite evidence: The CCTV camera had filmed the whole scene, including what I had done. I rewound the video tape and sat down in the armchair again. But all I could see on the tape were cars and grey walls. No car thief, no criminal. Not even a dangerous looking man. Only cars and grey walls. *(533 words)*

Abiturprüfung NRW – Englisch Grundkurs 2007
Aufgabe 1

Aufgabentyp: *Literarischer Text (Textaufgabe mit analytisch-interpretierendem Schwerpunkt; alternativ mit anwendungs- und produktionsorientierter Aufgabenstellung)*
Unterrichtsinhalte: *Post-colonialism and, migration, cultural diversity, social issues, transculturalism; novel; letter*

Life Isn't All ha ha hee hee

The novel by Meera Syal is a portrait of the friendship of three Indian women living in London and all leading very different lives. They are in their early thirties and have been friends since childhood. In this extract from the novel one of the protagonists, Sunita, tells us about one of her aunts.

I noticed the way the room would often fall quiet when she entered, women coagulating into whispering groups and men smoothing stray hair over their bald patches and hitching up their trousers expectantly, and I always thought it was her beauty and poise that unnerved them, the way she held her head high, her armour on, ready for battle. It was only when I told her that I secretly called her *Modern Auntie* that I discovered the source of her strange effect on others.

'Is that how you see me, beti!' She hugged me warmly and whispered. 'Well, that's much nicer than the name everyone else has given me.'

'What name?' I asked, happy to be inhaling her expensive perfume and feeling her bangles sing against my body.

'Divorced Auntie, of course.'

It took a few minutes for this to sink in. I had never ever met anyone divorced before, anyone Indian I mean. There were single mothers back in the village, but no one in the family was the least bit interested in them. In fact, we were surprised there weren't more of them. Divorce was one of the English diseases my mum was afraid we would catch if we hung around Willis' Fish Bar too much, along with short skirts, bad skin and bland food.

I had only seen Asian divorcees in the Hindi films we would watch around Gadget Uncle's house, the one person we knew who owned a video recorder. They were fairly easy to spot; they would have names like Kitten or Junglee, and enter scenes on a motorbike in black leather catsuits, chain smoking. They would puff out smoke clumsily and say sentences in gruff Hindi with the odd *Bastard!* and *OK cool cat?* thrown in somewhere. Usually, they would try and steal the hero away from the heroine, who was always a pudgy-faced doll given to fainting fits and saying prayers at every opportunity. And naturally, Divorced Woman never got her man. Who would want shop-soiled goods? That was a phrase she actually used, Modern Auntie, when we had our girlie chat.

'You see, Sunny, how the women hate me because I walk in looking good, instead of crawling in on my knees, begging for them to like me? Pity me. And you watch how many of your uncles come and sweet talk me when their wives aren't looking. They think because I have no man, I will be grateful for their scraps. It is OK to wipe your hands on shop-soiled goods, hena?'

She told me about her ex-husband. Or rather, she listed her visits to hospital: 'Five broken ribs, nose broken twice, broken arm, burns to the chest … No low-cut tops for me, sweetie. And I am the whore for leaving him, apparently.' *(462 words)*

Meera Syal, Life Isn't All ha ha hee hee, London: Doubleday, 1999, p. 42 f.

Annotations:

ll. 1/2 coagulating: *(here)* getting closer together
l. 7 beti: *(Punjabi)* dear
l. 24 pudgy-faced: having a round face
l. 24 given to fainting fits: having the habit of falling unconscious
l. 26 shop-soiled: ruined by being handled too much by customers in a shop
l. 32 hena: *(here)* isn't it

Aufgabenstellung

1. Describe the situation and the different attitudes towards divorce depicted in this extract from the novel. *(Comprehension)* 16 Punkte

2. Analyse how *Modern Auntie's* exceptional situation is emphasized in the excerpt. Consider both content and language. *(Analysis)* 24 Punkte

3. Choose **one** of the following tasks:

3.1 Comment on the position of women in Indian communities in Britain. Refer to the problems of divorce as described in this text as well as to Jesminder's situation in *Bend it like Beckham.* *(Evaluation: comment)* 20 Punkte

3.2 After a family meeting one of the 'whispering women' referred to in lines 1 f. writes a letter to her friend Indira telling her about *Divorced Auntie's* appearance. Write this letter. *(Evaluation: re-creation of text)* 20 Punkte

---

Lösungsvorschläge

1. *Grundkompetenzen: comprehension/orientation/context*
In der ersten Teilaufgabe müssen Sie darstellen, dass es in dem vorliegenden Textauszug verschiedene Perspektiven gibt, aus denen das Phänomen „Scheidung" betrachtet wird. Syal beschreibt, dass jede Gruppe innerhalb von Sunitas Familie eine eigene Einstellung hat, und sie zeigt auf, wie geschiedene Frauen in traditionellen indischen Filmen dargestellt werden:
- *men are both attracted to and disgusted by Modern Auntie*
- *the women band together and show contempt*
- *Modern Auntie has learnt to live as a divorcee and has developed a strong personality*
- *Hindi films contribute to the bad image of divorced women by depicting them as being rough and uneducated*

In the excerpt, the I-narrator Sunita learns about the fact that her aunt is the only divorced woman in her family and that she gets treated very badly by all her relatives. The text highlights the different attitudes towards divorce which exist within the family – especially the men's and the women's, as well as the attitudes of the first person narrator herself and images conveyed by the media, and the aunt's self-image.

The men are attracted by Modern Auntie's good looks and take to 'sweet talk' (l. 30) as soon as their partners are absent – a fact that insinuates that these characters might secretly yearn for the freedom that being single, being divorced, would bring about. At the same time their behaviour shows how disrespectful their attitudes are towards divorced women, who seem to be open to an affair. The women show their contempt by banding together and taking a strong dislike to the divorcee, which – according to Modern Auntie – has its roots in the fact that she "(walks) in looking good, instead of crawling in on (her) knees, begging" (ll. 28/29). Modern Auntie surmises that they hate her because she does not give them the chance to pity her for being down on her knees. Instead, she holds her head up high. At first Sunita thinks that the "strange effect" (l. 6) her aunt has on the others is because she is more modern than the rest of her family. This rather neutral or even positive attitude seems to be based on the protagonist's childlike innocence.

The attitude the Asian media shows towards divorce is exemplified by the typical images it provides of female Asian divorcees. In the movies these women appear as rough and uneducated motorcyclists, who compete for the hero but do not stand a chance against the well-educated, well-behaved, and usually rather frail ladies who also long for the protagonist.

Sunita's aunt has learnt to live with discrimination and falseness and she has grown strong. However unpleasant the situation of divorced women in British Indian societies might be, it also offers Divorced Auntie the chance to develop as an individual and thus counter the traditionalist attitudes of her Hindi family.

(366 words)

2. *Grundkompetenz: analysis*
Bei dieser Analyseaufgabe sollte die Vielfalt der eingesetzten Stilmittel im Vordergrund stehen.
Gehen Sie zunächst auf die wichtigen Handlungsverläufe ein:
- *Modern Auntie becomes isolated by a seemingly natural „coagulation" (= getting closely together) of the other female family members*
- *Sunita's slow learning process concerning the status of her aunt shows that discrimination against divorced women is difficult to understand*

Im Hinblick auf die formalen Elemente kann die Verwendung von Symbolen, sprechenden Namen, Aufzählungen und indischen Sprachelementen zur Verdeutlichung von Modern Aunties besonderem Status genannt werden:
- *the aunt is a fighter constantly battling for justice*
- *the rough divorcees in Indian films have names that sound British and evoke connotations of wild animals*
- *enumerations show how much Modern Auntie suffered from her husband, but that she is still given the blame for the divorce*
- *the mixed usage of English and Hindi shows that Modern Auntie is caught between two cultures*

Syal uses plot elements – like the behaviour of Modern Auntie's relatives and the learning process that Sunita undergoes – and formal means like symbolic language, nicknames and Hindi words to underline Modern Auntie's exceptional status.
The women tend to isolate Modern Auntie by starting to whisper as soon as she comes in. Their clinging together is described as coagulation and thus appears to be an inevitable chemical effect (ll. 1/2). The reaction seems to be deeply rooted in the "natural" law of South-Asian societies. The men, in contrast, discreetly check their appearances – an action which mirrors their contradictory attitude. The fact that Syal uses the protagonist as a first person narrator offers the chance of giving the reader some deep introspection and a closer look at the inner conflict, which leads to a significant learning effect. In particular, the fact that Sunita's understanding of Modern Auntie's position "took a few minutes" to sink in" (l. 12) shows how difficult it is for her to handle the situation.
As far as the usage of symbolic language is concerned, the description of Modern Auntie as an honourable knight can be considered a most complex and significant aspect. Her readiness to counter the prejudices of her family give her the position of a lonely fighter who is always prepared for an attack (ll. 4/5). The question of what it takes for her to be an honourable knight is further complicated by the fact that the metaphor is taken from a rather British context and that a knight is usually male and not female and by no means divorced.
The elevated position of the knight is consistently juxtaposed because traditional British Indians tend to de-humanize divorced women; this can be seen in the symbolic equation of Modern Auntie and animals, which are supposed to be "crawling" (l. 29) and to be given "scraps" (l. 31) – a behavioural pattern that is certainly in contrast to the basic behavioural patterns of knighthood.

The metaphorical depth of the excerpt is enhanced by the names used for the divorced women in the Hindi films ("Kitten" or "Junglee"; l. 20). On the one hand they sound very wild and animal-like but on the other hand they appear to be rather British. The idea that divorce has descended on Indian culture as a colonial plague is stressed by the description of divorce as a disease which is just as bad a disaster as "short skirts, bad skin and bland food" (ll. 16/17).
The idea that divorce is utterly negative is countered by Sunita's enumeration of the assaults against Modern Auntie, which explain why she left her husband. Among the injuries she suffered were: "(f)ive broken ribs, nose broken twice, broken arm, burns to the chest" (ll. 33/34). In the face of these injuries the discrimination of traditionalist British Indians against women becomes very obvious – yet Modern Auntie is still given the blame (l. 35).
The basic dilemma for Sunita's aunt consists of her being stuck between two cultures, which is additionally mirrored by her use of old Hindi words in her English sentences. She cannot free herself entirely from her family's verdict and seems to be caught in a lifelong conflict which can only very euphemistically be described as an "exceptional situation". *(548 words)*

3.1 *Grundkompetenzen: comment/evaluation*
Bei der Beantwortung dieser Frage müssen Sie zwei Dinge verbinden – zum einen gilt es, grundsätzlich zur Stellung der Frau in britisch-indischen Gemeinschaften Position zu beziehen, und zum anderen, die Darstellung der Jesminder im Film „Bend it like Beckham" (Pflichtmaterial zum Abitur 2007) vergleichend einzubringen.
Mögliche Aspekte und entsprechende Vergleichspunkte wären:
- *both characters are trapped between conflicting attitudes towards gender roles*
- *attempts to free oneself of strict rules (e.g. arranged and stable partnerships) lead to discrimination*
- *succeeding against transcultural pressures requires courage and a strong personality*

Unfortunately, the difficult situation faced by Modern Auntie in Meera Syal's "Life Isn't All ha ha hee hee" is an example of the situation of many women in British-Indian communities. In many ways they rather seem to be trapped between two worlds instead of profiting from two smoothly merging cultures.
The problem of divorce as presented in the given text, and also Jesminder's situation in "Bend it like Beckham" are owing to a clash in the understanding of gender roles. Traditional Indian culture, which is dominated by men, sees women as subject to their husbands' will (including virginity before marriage, arranged marriages for the sake of the two families involved, and full control within the partnership). This ties Indian women to the family, home or business, and it strongly limits their free will.

Jesminder's dream in "Bend it like Beckham" and Modern Auntie's strong willpower in "Life Isn't All ha ha hee hee" break with the old traditions and lead to emancipation, which – in both cases – triggers discrimination.
Jesminder follows rather British ideals and lives in her very own transcultural world, which is also symbolized by the shortening of her name to "Jess". Jess' aim to become a football player, which is probably just as "un-Indian" as it is "un-female", paves the way to a rather western style of living: the religious pictures on the wall of the living room which are shown in a close-up become less and less important, whereas the football posters become ever more important.
Jess' friendship with her fellow player and her coach, and also her dream are put to the test when her sister's marriage and an important match are held at the same time. Here again the traditional role of a British-Indian woman is depicted by focussing on (the sister's) marital status. Colourful rituals manifest the woman's position at the side of her husband even though that may mean that the day of the marriage is the best day of her life, as Jesminder's sister puts it. Suddenly the house of Jesminder's family stands out from the other houses in the residential area where they have lived for years.
Both the book "Bend it like Beckham" and the film criticize the discrimination of women that is inherent in traditional Indian attitudes. They show that there is no easy way out for those affected – no matter whether they rough it or try to take it smoothly. Without the courage to wear a blue and white soccer kit instead of bridal wear there is no chance of freedom within a traditionalist British-Indian family. And without the courage to accept the problems of divorce there is no chance that the situation of divorced Indian women in Britain will ever change.

(454 words)

3.2 *Grundkompetenzen: creation of text*
Achten Sie beim Verfassen des Briefes insbesondere auf formale Elemente und persönliche Prägung des Geschriebenen. Greifen Sie Handlungs- und Sprachelemente auf, die der Ausgangstext von Meery Syal Ihnen anbietet:
- *personal address*
- *gossip about Divorced Auntie*
- *informal language*
- *Hindi words, "beti"*

Dear Indira,
I hope all is well in Newcastle and the preparations for Mina's wedding celebrations will be done in time. I am really looking forward to seeing you all in two weeks. Mina, my beti – I am sure she will be a better wife for her husband than Divorced Auntie was for poor old Rahin. I saw Auntie the other day and I have to admit that she annoys me every time I see her. She is such a bad influence on Sunita. When she comes into the room in her arrogant way you can already feel that and it hurts my heart. I wonder why Divorced Auntie never wears low-cut tops because it is so obvious that she is nothing but a whore.

Everybody has to smell her strong perfume when she parades in front of our husbands. Yesterday she even started chatting to Roosa when I was preparing the food in the kitchen. You never know what she is up to – even though Roosa sent her away, of course. I sincerely hope that Sunita, my gorgeous girl, doesn't get influenced too strongly by Auntie's low moral standards. If it's okay with you, I'll bring Sunita to the wedding and maybe you can have a word with her. Give my best wishes to the whole family and see you soon.

Lots of love
Palina XXX *(227 words)*

Aufgabentyp: *Sach- und Gebrauchstext (Textaufgabe mit analytisch-interpretierendem Schwerpunkt; alternativ mit anwendungs- und produktionsorientierter Aufgabenstellung)*
Unterrichtsinhalte: *utopia and dystopia, science and ethics, modern technology; newspaper article; comment, letter*

When it won't need a tyranny to deprive us of our freedom
The creeping extension of implantation technology will eventually break down all the barriers between us and the state.

It received just a few column inches in a couple of papers, but the story I read last week looks to me like a glimpse of the future. A company in Ohio called City-Watcher has implanted radio transmitters into the arms of two of its workers. The implants ensure that only they can enter the strongroom. Apparently it is "the first known case in which US workers have been tagged electronically as a way of identifying them".

The transmitters are tiny (about the size of a grain of rice), cheap (85 pounds and falling fast), safe and stable. Without being maintained, they can identify someone for many years. They are injected, with a local anaesthetic, into the upper arm. They require no power source, as they become active only when scanned. There are no technical barriers to their wider deployment.

The company that makes these "radio frequency identification tags", the VeriChip Corporation, says, they "combine access control with the location and protection of individuals". The chips can also be implanted in hospital patients, especially children and people who are mentally ill. When doctors want to know who they are and what their medical history is, they simply scan them in. This, apparently, is "an empowering option to affected individuals". For a while, a school in California toyed with the idea of implanting the chips in all its pupils.

A tag such as this has a maximum range of a few metres. But another implantable device emits a signal that allows someone to be found or tracked by satellite. The patent notice says it can be used to locate the victims of kidnapping or people lost in the wilderness. There are, in other words, plenty of legitimate uses for implanted chips. That is why they bother me. A technology whose widespread deployment, if attempted now would be greeted with horror, will gradually become unremarkable. As this happens, its purpose will begin to creep. At first the tags will be more widely used for workers with special security clearance. No one will be forced to wear one; no one will object. Then hospitals – and a few in the US are already doing this – will start scanning their unconscious or incoherent patients to see whether they have a tag. Insurance companies might start to demand that vulnerable people are chipped. The armed forces will discover that they are more useful than dog tags for identifying injured soldiers or for tracking troops who are lost or have been captured by the enemy. Prisons will soon come to the same conclusion. Then sweatshops in developing countries will begin to catch on. Already the overseers seek to control their workers to the second; determining when they clock on, when they visit the toilet, even the number of hand movements they perform. A chip makes all this easier. The workers will not be forced to have them, any more than they are forced to have sex with their bosses; but if they don't accept the conditions, they don't get the job. […]

There will be no dramatic developments. We will not step out of our homes one morning to discover that the state, or our boss, or our insurance company, knows everything about us. But if the muted response to the ID card is anything to go by, we will gradually submit, in the name of our own protection, to the demands of the machine. And it will not then require a tyrannical new government to deprive us of our freedom. Step by voluntary step, we will have given it up already. *(583 words)*

George Monbiot, "When it won't need a tyranny to deprive us of our freedom",
The Guardian Newspaper, London February 21st 2006

Annotations:

l. 30 dog tags: military identification discs

l. 40 ID card: at the time of the article the British government was proposing to introduce voluntary identity cards (which had not existed before except in wartime)

Aufgabenstellung

1. Describe the threat to our freedom which George Monbiot perceives. *(Comprehension)* 16 Punkte

2. Analyse how the author communicates the idea that implantation technology is indeed a threat to our freedom, but one that is almost imperceptible. Consider aspects of content, composition and language. *(Analysis)* 24 Punkte

3. Choose **one** of the following tasks:

3.1 Compare the means of control described in George Monbiot's article with the various means of control in the society of Ray Bradbury's *Fahrenheit 451* and discuss which kind of control seems more threatening. *(Evaluation: comment)* 20 Punkte

3.2 Write a letter to the editor of *The Guardian* in response to George Monbiot's article commenting on the possibility of implanting chips in pupils (cf. ll. 16 f.) and in one of the other groups mentioned. *(Evaluation: re-creation of text)* 20 Punkte

Lösungsvorschläge

1. *Grundkompetenz: comprehension*
   Stellen Sie vor allem dar, dass Monbiot die Implantation der „Radio Transmitter" nur als Beginn einer unauffälligen, aber gerade deswegen sehr beunruhigenden Entwicklung sieht. Er zeigt, dass die positiven Eigenschaften der neuen Technologie die Gesellschaft dazu verführen, (fast) freiwillig den Weg zu einem Überwachungsstaat einzuschlagen, und dass wir daher akut vom Verlust unserer Freiheit bedroht seien:
   - *Monbiot claims that the implantation of identification tags merely sets off the device in various contexts*
   - *the positive effects of the technology may tempt us to accept increasing and finally total surveillance*
   - *it does not take a tyrannical new government because we will gradually give up our freedom voluntarily*

   According to the newspaper article provided, the radio frequency identification tags that were implanted into the arms of two workers at a company in Ohio just trigger the further deployment of the device in various contexts. By slowly creeping into our everyday lives, the technology will eventually threaten the whole of society with a loss of freedom. Paradoxically the potential benefits of the technology are the most dangerous aspect. The option to "locate the victims of kidnapping" (l. 21), for example, may tempt the state or individual companies to use radio transmitters.
   Gradually these developments have already started where unauthorized personnel has to be kept from entering high security areas within a plant. Society is gradually accepting the implantation of electronic devices, and the pressure on workers will rise significantly: "If they don't accept the conditions," as Monbiot puts it, "they don't get the job" (l. 37). If they get the job, however, even the number of hand movements for each worker might be checked on easily by means of new technology. If we give in to each of the developments – which are hardly dramatic taken individually – we will soon be under a level of control equal to that of a totalitarian system and which, according to Monbiot, does not even "require a tyrannical new government" (l. 42). *(218 words)*

2. *Grundkompetenz: analysis*
   Am einfachsten ist es bei dieser Aufgabe sicherlich, wenn Sie den Ausgangstext Schritt für Schritt von oben nach unten durcharbeiten (schließlich ist die Struktur ja als ein wichtiger Analyseaspekt genannt, und den haben Sie bei diesem Vorgehen quasi automatisch miterledigt).
   Gehen Sie also zunächst auf den Titel ein, der den Leser insbesondere durch das Gegensatzpaar „Freiheit" und „Tyrannei" anspricht:
   - *from Monbiot's perspective "freedom" will inevitably be replaced by "tyranny" which is shown by the word "when"*
   - *the pronoun "we" creates a feeling of everyone being affected by this devel-*

opment

Im eigentlichen Text stimmt Monbiot dann Inhalt und Struktur des Artikels genau aufeinander ab: Er stellt dar, dass sich die Überwachungstechnologie völlig unmerklich verbreitet, und genauso unauffällig verbreitet er seine negative Meinung zu diesem Phänomen. Sein Text erscheint zunächst neutral, und erst im Verlauf des Lesens wird deutlich, worum es eigentlich geht:

- *at first Monbiot neutrally refers to another press report, which makes him trustworthy*
- *first a matter-of-fact style including the presentation of facts and figures dominates*
- *in the second part evaluating elements are added*
- *enumerations and anaphorical structures further the impression that the device can be used in (too) many contexts*
- *the connective "but" shows that we must counter the gadget's creeping in before it is too late*

The author refers to the almost imperceptible threats of implanting control devices into people by using an appealing headline, an up-to-date teaser, and a structure that mirrors how slowly but effectively radio transmitter technology is creeping in. The artistic use of language can be seen in a clever change from a neutral to an evaluating style – the fundamental message of the article is transported by various stylistic devices such as parallel structures or enumerations.

In the title Monbiot contrasts the two keywords "tyranny" and "freedom" and by the choice of words in the subheading he suggests that the first one will inevitably be replaced by the second one. Here the operative word is "when" – the development towards a surveillance state seems to be only a matter of time. The pronouns "us" and "our", which can also be found in the heading, create a feeling of togetherness and help the reader to identify with the writer's thoughts. At the same time the two pronouns contribute to depicting the contrast between the personal interests of the readers and the interests of the state.

In the teaser the author actually writes about a report – a writing pattern that almost resembles the theatrical device of the "play within the play" – and adds informative and evaluating elements to it. This makes him seem trustworthy and opens up the opportunity to put forward his personal thoughts. Slightly simplified: the article starts out as a neutral text and eventually turns out to be a comment.

The structure of the text follows the same smooth pattern as the introduction of the gadget as such: first, a neutral, seemingly positive, perspective on the issue is brought up, then negative side effects become visible and finally it is concluded that it is already (too) late to take steps against the development that has taken place secretly.

In the neutral parts of the text (ll. 1–22) descriptive text-type elements dominate. The introduction of facts and figures (l. 7 f.), and quotes (ll. 4–6) also contribute to the impression that the article is a report. By using a factual style and short sentences the journalist depicts what has happened, and what the situation is like today. For each of these steps a different tense is used (present perfect in l. 3, and simple present in l. 4).

In the following (evaluating) part only counterarguments are put forward. After Monbiot has started turning the tables by expressing that (of all arguments) it is the number of "legitimate uses for implanted chips" (ll. 22/23) that bothers him most, he starts sketching a rather unpleasant future perspective. The negative attitude towards the slow introduction of implanted control devices is built up very slowly as Monbiot reveals more and more possible deployments of the devices in a long enumeration (ll. 25–35).

Additionally anaphorical constructions (ll. 26/27) support the idea that the development from freedom to tyranny is inevitable if it is not countered. The appeal to do so can be found in the last two paragraphs of the article, in which Monbiot repeatedly uses the connective "but" (l. 37, l. 40): it seems to be very important for us to resist instead of voluntarily giving up our freedom (l. 43). The powerful conclusion at the end of the article shows that the claim that "there will be no dramatic developments" (l. 38) has gained a highly ironic dimension. Of course, living under complete and utter surveillance IS dramatic. It is only that the steps towards this state are imperceptible. *(590 words)*

3.1 *Stellen Sie in Ihrer Antwort dar, inwiefern der Einsatz von „Radio Transmittern" bei Monbiot den verschiedenen Überwachungsformen ähnelt, die Bradbury in „Fahrenheit 451" darstellt. Dabei sollten Sie den Schwerpunkt auf die Hunde legen, die Menschen aufspüren können. Bemerkenswert ist es allerdings auch, dass Bradbury die Entwicklung zum Einsatz solcher Maschinen auch mit einem fehlenden Leseinteresse der Menschen begründet – schließlich vermutet ja auch Monbiot, dass es nicht zwingend eines politischen Zwanges bedarf, damit wir uns in Unfreiheit begeben.*

- *the dogs in "Fahrenheit 451" have a similar function to the radio transmitters but they are also used to kill people*
- *the introduction of surveillance technologies is not necessarily owing to political pressure*

Die Überwachungsformen in Bradburys Roman sind sicher vielfältiger und brutaler als die von Monbiot dargestellten, wobei die Rolle der Unterhaltungsmedien und der Feuerwehrleute besonders wichtig ist:

- *people's attention and creativity is absorbed by entertainment facilities*
- *the firemen are the worst means of control*

Die Frage nach der Gefährlichkeit können Sie am elegantesten lösen, indem Sie einfach darauf verweisen, dass es sich bei den „Identification Tags" um eine tatsächlich existierende Technologie handelt, während die Überwachungstechnologien bei Bradbury Teil einer literarischen Fiktion sind.

The device which Monbiot describes in his article is a technical gadget which helps to survey people and, once having a greater range, to track them everywhere on earth (if necessary). The computerized dogs in "Fahrenheit 451" have a similar function even though they depend on scent rather than on radio waves and thus can be more easily impeded. Grossly simplified: with an implanted radio transmitter the protagonist of the novel could not have escaped down the river.

Even though Bradbury clearly shows that there is no moral justification for the inhumane deployment of surveillance technology in the totalitarian world of the novel, it can be surmised that the lack of morality is not (only) a result of political pressure. Rather, the development towards the ban on books is at least partly owing to a lack of interest in reading. Similarly, Monbiot argues that in our world it will not need a questionable political power to take away our freedom because we do not seem to care much about it anyway and thus pave the way for a dangerous development.

Of course, both "hounds" and "radio transmitters" can be used and abused. Whereas an abuse of surveillance technology is a future possibility in our world, in "Fahrenheit 451" the abuse dominates. In the book the hound is even used to kill a completely innocent person in order to fake the news on television.

The other technical devices in "Fahrenheit 451" numb the senses of the people: huge screens and seashell radios absorb the characters' attention and take away their creativity. Thus, entertainment media can also be seen as a means of (thought) control. If this thought control fails, however, the firemen take action. As they are the ones who actually burn books and people, they can be considered the worst means of control and a mere instrument of destruction.

The various kinds of control which Bradbury depicts in his novel would surely be worse than radio transmitter technology if they were real. As they are fiction, however, the danger which Monbiot perceives is clearly more threatening.

(346 words)

3.2 *Grundkompetenz: creation of text*

Bei dieser Aufgabe müssen Sie die formalen Besonderheiten eines Briefes einbringen:

- *address*
- *date*
- *"Dear Sir or Madam",*
- *"Yours faithfully"*

Darüber hinaus sollen Sie den Artikel aus Ihrer Sicht bewerten, während Sie sich in die Situation des Leserbriefschreibers versetzen. Am einfachsten ist es, wenn Sie sich ein persönliches Erlebnis des Schreibers ausdenken, das mit der Frage nach einer Gefährdung durch neue Überwachungstechnologien in Zusammenhang steht:

- *the article is helpful because it opens up a new perspective*
- *a strongly related problem has occurred elsewhere*
- *the developments Monbiot imagines are indeed dangerous and have already started to come true*

12 Brave New Street
County Fahrenheit
GO1984RB

2/26/2007

The Editor
The Guardian
BT925176
London

Dear Sir,
I am very grateful indeed for George Monbiot's article, "When it won't need a tyranny to deprive us of our freedom", in today's issue of the Guardian because it shows how imminent the dangers of surveillance technology are within our society.
Our school, a sixth-form college in Oxford, has also been considering the idea of implanting chips in all our students. As our premises are in constant danger of being snowed under by tourists, especially German pupils on school trips, some measure must be taken. They just come in, open all the doors, peep into windows and pester the housemaster with inquisitive questions. Lately some of them dressed up as students of our school by wearing a red and blue tie as well as borrowing other parts of the school uniform. For many that was the straw that broke the camel's back and they have called for tighter security on our doors, which admittedly can be easily achieved by radio transmitters which are injected into our pupils when they enrol for their classes at the registration office.
Strangely enough, both the Head of Humanities and the Head of the Science Department insisted that this was the best way of keeping our old tradition from being constantly breached. In heated discussions a very small group of students including myself pointed out that it was a gradual acceptance of surveillance technology rather than the influx of German students that endangered the values and ideals of St. George's College. The most decisive arguments which were put forward in favour of radio transmitter implants were that they cut down on red tape as far as registers go, and that they facilitate the detection of truancy as well as the detention resulting from it. When a member of the debating club complained that he was under constant surveillance even when he was on holiday, he was told that he need not be afraid of losing his freedom because the whole issue was merely a voluntary measure.
I sincerely hope that some of our school members read the article in your newspaper and understand how dangerous our situation really is.

Yours faithfully
Winston Later-Smith

(378 words)

Abiturprüfung NRW – Englisch Grundkurs 2008
Aufgabe 1

Aufgabentyp: *Literarischer Text (Textaufgabe mit analytisch-interpretierendem Schwerpunkt; alternativ mit anwendungs-/produktionsorientierter Aufgabenstellung)*
Unterrichtsinhalte: *European and American traditions and visions, landmarks in British history: monarchy, democracy, participation*

Extract from the screenplay of the film *The Queen* (2007)

The extract is set against the background of the death of Princess Diana who died after a high speed car accident in Paris along with Dodi Al-Fayed and their driver on 31 August 1997. After Prince Charles' and Princess Diana's divorce had been finalised on 28 August 1996, Buckingham Palace stated that Diana was still officially a member of the Royal Family, since she was the mother of the second- and third-in-line to the throne.
In this extract, Prime Minister Tony Blair and his adviser Alastair are watching a news programme on TV in which several members of the public complain about how the Royals have reacted to the death of Princess Diana.

ALASTAIR There!
One member of the public complains about the flag ...
TONY Don't tell me. There isn't a flag flying at half-mast above Buckingham Palace.
TONY *rolls his eyes to himself.* God. Will someone save these people from themselves ... *(irritated)* Fine. I'll call Balmoral ... *TONY turns away, walks towards the door.*
ALASTAIR 'Planet Zog'?
TONY Because as Prime Minister of this country, I've really got nothing better to do ... *TONY walks out ...*

Ext. Balmoral Estate – Day
The ROYAL FAMILY is gathered for a barbecue lunch. At a distance, the BOYS are in the river, being taught fishing by a GHILLIE.
PRINCE PHILIP stands by a barbecue, struggling to get the fire to light.
The QUEEN MOTHER is in another corner.
A LAND ROVER pulls up. The QUEEN gets out with her dogs. She notices PHILIP's struggle with the barbecue ...
ELIZABETH Those fire-lighters no good? *(carrying tupperware boxes)* I brought some stew just in case. I think it's lamb. We could always have that cold ...
PRINCE PHILIP No, we'll be all right.
The QUEEN throws some food to her dogs, but makes several hand gestures forbidding them to eat. The DOGS salivate, and whimper, but dutifully show their forbearance. Staring at the food.

The QUEEN, meanwhile, starts setting places at the table with plates, knives and forks.

ELIZABETH Robin had a call from the Prime Minister. Who expressed his concern.

PHILIP turns, an exasperated look ...

PRINCE PHILIP About WHAT?

ELIZABETH The flag above Buckingham Palace. He thinks it should be flying at half-mast.

The DOGS continue to whimper hungrily.

PRINCE PHILIP Then I hope Robin told him there ISN'T a flag above Buckingham Palace ... *(angrily jabs coal with a long, sharp fork)* ... only the **Royal Standard**, which flies for one reason only. To denote the presence of the Monarch. Since you're **here**, the flag pole is bare. Which is as it should be.

CHARLES clears his throat ...

CHARLES Isn't it possible ... that to **some** people ... the Royal Standard is just ... a flag? And that the flag pole being bare sends out the wrong signal.

The QUEEN turns. A withering look ...

ELIZABETH That's not the point.

PRINCE PHILIP The point is it's more than four hundred years old. It has never been lowered for ANYONE ...

QUEEN MOTHER Your grandfather didn't get that flag at half-mast when he died and if your mother were to die tomorrow, **she** wouldn't get it either.

CHARLES Yes ... but sometimes ... in a situation like this ... one has to be flexible ...

All heads turn. And stare at CHARLES.

CHARLES *(shrugs)* It is just a flag.

ELIZABETH "What about the Union Jack?", was Mr Blair's next suggestion.

QUEEN MOTHER *(rolling eyes)* Oh, for heaven's sake.

PRINCE PHILIP The next thing he'll be suggesting you change your name to Hilda and mine to Hector? *(angry gesture)* Who does he think he's talking to? You're the Sovereign. The Head of State. You don't get dictated to. *(a beat)* You've conceded the idea of a public funeral. You've opened up the parks. That's ENOUGH.

The QUEEN indicates to PHILIP to keep his voice down, to avoid upsetting the BOYS, who are still fishing ...

PRINCE PHILIP *(cont'd)* You wait. In forty-eight hours it [will] all have calmed down.

ELIZABETH Like those condolence books.

PRINCE PHILIP Quite right. *(a defiant snort)* When we started with one, everyone predicted they would grow and grow. But we've heard nothing more about that, see?

CHARLES clears his throat ...

CHARLES Apparently there are now fifteen.

ELIZABETH What ...?

CHARLES And people are queuing through the night.

PHILIP stares. The QUEEN's expression changes. *(616 words)*

Peter Morgan, The Queen, 2007. http://www.miramaxhighlights.com/pdfs/TheQueenScreenplay.pdf (25. 05. 2007), S. 51–54

Annotations:

l. 5 *Balmoral: here:* Balmoral Castle, the traditional summer residence of Queen Elizabeth II in Scotland
l. 7 *Planet Zog:* general name for any science-fiction planet
l. 12 *ghillie:* Scottish guide for fishing or hunting
l. 15 *Land Rover:* British all-terrain vehicle
l. 17 *tupperware box:* high-quality box made by a well-known American company
l. 21 *to salivate:* to produce watery liquid in your mouth when you see or smell food
l. 25 *Robin:* adviser to the Royal Family
l. 32 *Royal Standard:* the monarch's personal flag
l. 38 *withering:* intended to make sb. feel silly or ashamed
l. 48 *Union Jack:* the flag of the United Kingdom

Aufgabenstellung

1. Describe the situation as depicted in the excerpt from the screenplay and point out how the Queen, the other members of the Royal Family and the Prime Minister react to it. *(Comprehension)* — 16 Punkte

2. Explain how the scriptwriter uses stage directions and dramatic dialogue to paint a portrait of the Queen. *(Analysis)* — 24 Punkte

3. Choose **one** of the following tasks:

3.1 Discuss in general to what extent the Queen and the other Royals ensure or endanger the continuity of the monarchy in a democratic country like the United Kingdom. To support your position, consider the special needs of the British population as well as the personal qualities of a monarch and assess how the present Royal Family fulfil their roles. *(Evaluation: comment)* — 20 Punkte

3.2 A journalist from a British popular newspaper writes a comment describing the atmosphere in London. The article stirs up emotions, expresses disappointment at the way the Queen is handling the death of Diana and questions the monarchy in general. Write the journalist's article and find a suitable headline. *(Evaluation: re-creation of text)* — 20 Punkte

Lösungsvorschläge

1. *Grundkompetenz: comprehension*
   Sie müssen hier zunächst darstellen, dass die Ausgangssituation durch den Unfalltod von Prinzessin Diana ausgelöst wird, der die königliche Familie trotz (oder auch: wegen) der vorangegangenen Trennung von Prinz Charles betrifft. Während der Premierminister angesichts des öffentlichen Drucks telefonisch vorschlägt, eine Fahne am Buckingham Palast auf Halbmast zu setzen, stehen die Royals diesem Vorschlag skeptisch bis ablehnend gegenüber. Es herrscht das Gefühl vor, mit der Ausrichtung einer öffentlichen Trauerfeier und durch die Öffnung der Parkanlagen zu Andachtszwecken genug getan zu haben:
   - *the Royal Family spend their day at Balmoral and hardly show any emotional involvement*
   - *the Prime Minister expresses the wish to fly the Royal Standard at half-mast*
   - *so far the Royal Family have agreed on having a public funeral for Diana, Princess of Wales and opening the parks for condolence*

   Die Reaktionen der königlichen Familie sind durchaus unterschiedlich. Sie sollten also ihre Antwort nach den Personen gliedern, am besten in der Reihenfolge, die der Text anbietet. Prince Philip, klischeehaft als Tölpel beschrieben, scheint das Ansinnen des Premierministers zunächst nicht zu verstehen und erklärt dann den Sinn des Royal Standard, um auszudrücken, dass er keinesfalls auf Halbmast gesetzt werden kann. Hier wird er von der Königin Mutter unterstützt. Prince Charles ist offener und möchte mit mehr Verständnis auf die Situation reagieren, und auch die Queen selbst scheint zunehmend unsicher, ob ein starres Festhalten an Traditionen sinnvoll ist.
   - *Prince Philip explains the original function of the Royal Standard and he is supported by the Queen Mother who harps on the old traditions*
   - *Charles carefully reminds the others that more flexibility might be appropriate.*
   - *the Queen becomes increasingly thoughtful when she is confronted with the fact that 15 condolence books already exist*

   The situation which is depicted in the excerpt is set shortly after the sad death of Diana, Princess of Wales and Dodi Al-Fayed in Paris. Whereas the whole country is shattered by this news the Royal Family spend their day at their Scottish residence Balmoral and hardly show any emotional involvement. Instead they idle away their day and have a picnic by the river. The peaceful atmosphere is destroyed by Prime Minister Tony Blair, who calls Robin, an adviser to the Royal Family, in order to suggest flying the Royal Standard at half-mast at Buckingham Palace. The Queen reports Blair's wish and it is rejected by Prince Philip and the Queen Mother, who instantly take the floor in the discussion. Prince Philip explains the original function of the Royal Standard and points out the fact that it has never been lowered for anybody. The Queen Mother supports his view by giving examples and harping on about the old traditions. Philip claims that it is enough that the Royal Family have already agreed on having a public funeral for Diana and opening the parks for those who want to mourn for "their" Princess. Charles takes a backseat at first but then carefully reminds the others that more understanding and flexibility concerning the flag might be appropriate – to him the bare pole sends out the wrong signal, as he puts it (l. 37). However, it is not altogether clear if Charles' reaction is merely owing to rising public pressure. In the course of the discussion the Queen becomes increasingly thoughtful, especially when she is confronted with the fact that there are already 15 condolence books for Princess Diana (l. 61). *(278 words)*

2. *Grundkompetenz: analysis*
Das Bild der Queen, das in dem Ausschnitt gezeichnet wird, ist vor allem dadurch geprägt, dass sie im familiären Umfeld deutlich liebevoller erscheint als im Rahmen von offiziellen Anlässen. Der Autor verwendet die Regieanweisungen, um symbolische Handlungselemente zu definieren, die die beiden Seiten der Königin betonen. Sprache und Requisiten unterstützen die filmische Darstellung des komplexen – scheinbar widersprüchlichen – Wesens der Monarchin. Die Vielfältigkeit des Charakters führt letztlich auch dazu, dass offen bleibt, ob sie schließlich eine Flagge des Buckingham Palasts auf Halbmast setzen wird.
Am einfachsten ist es, wenn Sie zunächst mit dem Hauptergebnis beginnen:
- *the Queen is depicted as a complex character who is much more likeable than her public image*

Ausgehend davon sollten Sie auflisten, wie die positiven Seiten der Königin und ihre zunehmende Unsicherheit dem Zuschauer vermittelt werden sollen:
- *stage directions show that she cares for her family members like any good mother would*
- *props enhance the positive character traits of the Queen: bringing food in Tupperware boxes also shows that she is much closer to her people than her otherwise stiff appearance may suggest*
- *her colloquial style supports this idea*
- *her neutral and factual report of Tony Blair's phone call shows that she is wise enough to consider other people's views on current issues*
- *her ever-increasing insecurity is shown by her body language*

The portrait of the Queen which is drawn in the excerpt is twofold. On the one hand she seems to be cruel and heartless by not flying a flag at half-mast at Buckingham Palace, especially as Princess Diana has been so well liked by the British. On the other hand the picture is surprisingly positive: she is depicted as a complex character who is much more likeable than her public image. Stage directions indicate that the Queen cares for her family like any good mother would. Props are used to enhance the positive character traits of the Queen and her colloquial style supports the idea that the Sovereign is much more than just the Sovereign. In fact she seems to be significantly closer to her people than we may believe.
The first stage direction that involves the Queen can be found in lines 15/16 when she arrives in her Land Rover. This part of the script combines both action

and the use of props in order to formally represent the Queen's character traits. At first sight the expensive car seems to support the idea that the Queen lives off the fat of the land, but the fact that no driver is mentioned already insinuates that she leads a rather normal life when she is not in public. She carries the food for her family herself, lays the table herself and the use of Tupperware boxes clearly indicates that she is like any middle- or working-class woman when it comes to providing her beloved family members with food. She is even prepared to "have that (lamb stew) cold" (l. 18) which most certainly does not fit Royal standards. As Prince Philip's clumsiness, his "struggle with the barbecue" (ll. 15/16), is also depicted in the text, the Queen's readiness to eat her food cold also shows that she cares for all of her family members – no matter if they get on her nerves or not. Consistently she also takes care of her grandchildren, who could possibly be upset by Philip's loud comments. She reproaches him: "The QUEEN indicates to PHILIP to keep his voice down, to avoid upsetting the BOYS, who are still fishing" (ll. 54/55). The fact that body language is enough to change Philip's behaviour shows that the Queen is (still) a very powerful and highly self-confident person who is in control. In this respect her behaviour towards her dogs has a similar function – simple hand gestures "forbidding them to eat" (ll. 20/21) keep them from wolfing down their food. Instead they "dutifully show their forbearance" (ll. 21/22).

The character's use of language supports the idea that the Queen is actually both a down-to-earth woman and a responsible head of state. She shortens some of her sentences in a colloquial way and forgets about the "Queen's English" ("Those fire-lighters no good?" l. 17), but she also keeps to a neutral and factual style when she reports the Prime Minister's call. She is wise enough to consider his views rather than instantly rejecting them like Prince Philip does in a fit of arrogance (l. 51). The only instance in which language mirrors her true power is when she turns down Prince Charles because he has suggested that the Royal Standard is no more than just a flag (l. 39).

At the end of the excerpt the Queen's facial expressions can be understood as a sign of increasing insecurity. Her "expression changes" (l. 64) when she is confronted with the news about the condolence books; and the audience could have the feeling that she is starting to worry about her status. If the British people feel so much compassion for Diana – whereas the Sovereign seems to be indifferent towards the tragic incident – the monarchy could be in danger. *(631 words)*

3.1 *Grundkompetenzen: evaluation / comment*

Hier sollen Sie im Wesentlichen versuchen, das Für und Wider der Konstitutionellen Monarchie abzuwägen. Es bietet sich jedoch einleitend an, grundlegende historische und aktuelle Aussagen über das politische System zu treffen, um das Ausmaß einer Gefährdung der Monarchie durch ein mögliches Fehlverhalten der königlichen Familie in einen sinnvollen Kontext zu bringen.

- *the existence of the constitutional monarchy in the United Kingdom is deeply rooted in the country's history*
- *most British people appreciate the existence of a monarch*

Als Pro-Argumente können die ökonomische und die diplomatische Bedeutung der Royals sowie die Inspirations- und Identifikationskraft der königlichen Familie gelten.

- *the continuity of the monarchy is ensured by its economic and diplomatic significance*
- *the Royal Family offers inspiration and identification*

Die möglichen Gegenargumente können vor allem daraus abgeleitet werden, dass die Mitglieder der Familie Windsor (zunehmend) aus der Rolle fallen.

- *Prince Philip is famous for his clumsiness, the Queen has handled Diana's death in the wrong way, Princes Charles has cheated on his wife, William and Harry love to party*

Im folgenden Beispieltext werden diese Argumente allerdings ironisch entkräftet, um die positive Meinung des Verfassers zum Abschluss der Diskussion zum Ausdruck zu bringen. Natürlich können Sie auch eine völlig andere Wertung vornehmen und ein anderes Fazit ziehen.

The existence of the constitutional monarchy in the United Kingdom is deeply rooted in the country's history. Even though any modern concept of democracy formally contradicts the idea of a Sovereign who is born to be King or Queen, the majority of the British people still favour their political system. According to recent surveys more than 70 % of the country's population want to keep the current status of the Royals. However, their appreciation is slowly decreasing and is strongly linked to the extent to which the Queen and her family match the expectations of the people and fulfil the functions that society ascribes to them.
In the public discussion, the economic and diplomatic significance of the Royals as well as the inspiration and the identification they create among the British people are important arguments for ensuring the continuity of the monarchy. Undoubtedly the Windsors are a significant economic factor and even though many citizens criticize that a lot of tax money is wasted by the members of the Royal Family, any serious cost-benefit analysis proves the opposite. Not only do tourists contribute to the British GNP by visiting the seats of royalty but the British also further their economy by buying merchandise and tabloid publications on their home market. When Elton John accidentally recycled his song "Candle in the Wind" about Marilyn Monroe ("Goodbye Norma Jean [...]") when Princess Diana was killed in a car crash ("Goodbye England's rose"), the economic potential of the British inclination for the Royals became highly visible. "Goodbye England's rose" became one of the bestselling singles ever. On top of that the state saves a lot of money because the Queen helps the foreign ministry to fulfil important representative functions abroad – her status enables her to cover important diplomatic issues, which cannot be covered by the Prime Minister due to lack of time. To put it in a nutshell: the Queen actually does work to earn a living.
As far as emotions and identification patterns go, we can clearly state that the glamour of Buckingham Palace does a lot for the United Kingdom, too – similar to what Hollywood does for the US: it is a spectacular world of dreams which in-

spires the man on the Clapham bus and forms the basis of his high hopes. However, the extent to which the people identify with their aristocratic leaders is determined by their behaviour. Let us set aside Prince Philip's clumsiness, because that is no longer spectacular news – he is no danger to the British monarchy. In contrast, the disappointment about how the Queen handled the death of Princess Diana is surely an important aspect which endangered the status of the Royal Family in the late 1990s. Furthermore, many British people can still not forgive Prince Charles' affair with Camilla Parker Bowles, even though Diana has been dead since 1997 and Camilla has done nothing wrong but to have fallen in love with the wrong man. There is no doubt that Prince Charles cheated on his wife, but paradoxically his image has also suffered from the fact that in many ways he has been ahead of his time. When his company produced organic food as early as the 1980s he was laughed at – today we know better. The young princes William and Harry are still famous for heavy drinking and notorious partying – a fancy dress event featuring Prince Harry in a Nazi uniform while British soldiers were fighting in Iraq was just the tip of the iceberg.
Obviously the Royals do not meet up to the expectations of the British people but I personally believe that most of the British will miss all those scandals as soon as Prince Philip is dead, the Queen has abdicated, Prince Charles is not misunderstood any longer and the Princes have grown out of partying. And: no matter what comes next, they will maintain their political system. *(647 words)*

3.2 *Grundkompetenz: (re-)creation of text*
Ein Kommentar zeichnet sich formal dadurch aus, dass er als solcher klar erkennbar ist (z.B. durch den Begriff „Comment" und den Namen oder das Kürzel des Verfassers). Wichtig ist ein eingängiger Titel, wie zum Beispiel das Wortspiel, das wir uns für den Lösungsvorschlag ausgedacht haben.
– *„Must the Monarchy Di?"*
Danach folgt üblicherweise ein Teaser, der aus einem aktuellen Vorkommnis ableitet, warum sich ein Kommentar zu einem bestimmten Thema lohnt. Hier:
– *„the anger of those who mourn for Princess Diana constantly rises"*
Beachten Sie beim Hauptteil, dass Zeitungskommentare normalerweise kürzer ausfallen als in Magazinen oder in der politischen Diskussion. Verwenden Sie ruhig persönliche Floskeln (z.B. „I believe", „To me […]"), und beziehen Sie klar Stellung. Da sich Kommentare mittlerweile stark an den Mustern von News Storys ausrichten, macht es außerdem Sinn, die Emotionen persönlich Betroffener ebenso einzubringen, wie Daten oder Fakten (diese müssen Sie natürlich so auswählen, dass sie Ihre Meinung stützen).
– *facts, figures and emotions*

Comment: Must the Monarchy Di ?

The anger of those who mourn for Princess Diana is constantly rising. It is three days since she died in a tragic car crash in Paris – an accident that took away her last chance to become a free and happy woman – a woman that she could never be at Buckingham Palace – a palace which is not even flying its flag at half-mast today.
To many citizens the Royal Family is not just disrespectful but cruel to a princess who gave birth to William and Harry and who suffered so much in her life at the side of Prince Charles. "Why does she even have to suffer after her death?" Paula Jenkins from Colchester asks, and according to the BBC more than 50 % of those who have signed the 15 condolence books have similar thoughts. One of the banners covered with flowers reads, "We love you". Indeed, we still do. We once had a Princess of Hearts and now we are just left with a heartless and stubborn Queen.
How can we believe in the traditional idea of a monarchy if this monarchy does not comply with the basic values of respect and love? To me the British monarchy is dead – much more so than Diana.
JoB *(213 words)*

Abiturprüfung NRW – Englisch Grundkurs 2008
Aufgabe 2

Aufgabentyp: *Sach- und Gebrauchstext (Textaufgabe mit analytisch-interpretierendem Schwerpunkt; alternativ mit anwendungs-/produktionsorientierter Aufgabenstellung)*
Unterrichtsinhalte: *European and American traditions and visions – the American Dream then and now*

Senator Barack Obama's announcement for President (10 February 2007)

The genius of our founders is that they designed a system of government that can be changed. And we should take heart, because we've changed this country before. In the face of tyranny, a band of patriots brought an Empire to its knees. In the face of secession, we unified a nation and set the captives free. In the face of Depression, we put people back to work and lifted millions out of poverty. We welcomed immigrants to our shores, we opened railroads to the west, we landed a man on the moon, and we heard a King's call to let justice roll down like water, and righteousness like a mighty stream.

Each and every time, a new generation has risen up and done what's needed to be done. Today we are called once more – and it is time for our generation to answer that call.

For that is our unyielding faith – that in the face of impossible odds, people who love their country can change it.

That's what Abraham Lincoln understood. He had his doubts. He had his defeats. He had his setbacks. But through his will and his words, he moved a nation and helped free a people. It is because of the millions who rallied to his cause that we are no longer divided, North and South, slave and free. It is because men and women of every race, from every walk of life, continued to march for freedom long after Lincoln was laid to rest, that today we have the chance to face the challenges of this millennium together, as one people – as Americans. All of us know what those challenges are today – a war with no end, a dependence on oil that threatens our future, schools where too many children aren't learning, and families struggling paycheck to paycheck despite working as hard as they can. We know the challenges. We've heard them. We've talked about them for years.

What's stopped us from meeting these challenges is not the absence of sound policies and sensible plans. What's stopped us is the failure of leadership, the smallness of our politics – the ease with which we're distracted by the petty and trivial, our chronic avoidance of tough decisions, our preference for scoring cheap political points instead of rolling up our sleeves and building a working consensus to tackle big problems.

For the last six years we've been told that our mounting debts don't matter, we've been told that the anxiety Americans feel about rising health care costs and stagnant wages are an illusion, we've been told that climate change is a hoax, and that tough talk and an ill-conceived war can replace diplomacy, and strategy, and foresight. And when all else fails, when Katrina happens, or the death toll in Iraq mounts, we've been told that our crises are somebody else's fault. We're distracted from our real failures, and told to blame the other party, or gay people, or immigrants.

[…] The time for that politics is over. It's time to turn the page. *(507 words)*

Senator Barack Obama's announcement for President of the United States of America in Springfield, Illinois, 10 February 2007 http://www.foxnews.com/story/0,2933,251292,00.html (September 15, 2007)

Annotations:

l. 12 *unyielding:* very strong, solid and unlikely to change
l. 12 *odds:* the chances of something happening
l. 22 *paycheck:* weekly/monthly letter or note which gives employees the details concerning their pay
l. 33 *hoax:* a trick in which someone deliberately tells people something that is not true
l. 35 *Katrina: here:* hurricane Katrina, which caused severe damage to New Orleans in August 2005
l. 35 *to mount:* to increase, to rise

Aufgabenstellung

1. Point out Barack Obama's demand for change and describe his view of current US problems and their causes. *(Comprehension)* — 16 Punkte

2. Analyse how Obama tries to convince his listeners that it is "time to turn the page" (l. 38) by examining the rhetorical devices and other techniques of persuasion as well as the content of his speech. *(Analysis)* — 24 Punkte

3. Choose **one** of the following tasks:

3.1 Discuss Obama's specific concept of the American Dream and compare it with similar and different interpretations that you have come across either in literary or non-literary texts (e. g. *True West).* *(Evaluation: comment)* — 20 Punkte

3.2 After his speech in Springfield, Barack Obama is interviewed by a critical, conservative Illinois journalist about his concept of the American Dream and the changes resulting from it for American society. Write this interview. *(Evaluation: re-creation of text)* — 20 Punkte

Lösungsvorschläge

1. *Grundkompetenz: comprehension*
   Die geforderte Antwort ist dreiteilig, zunächst müssten Sie Barack Obamas Forderung nach Veränderung kurz erläutern, um sich dann den Problemen zu widmen, aus denen er sie ableitet. Im dritten Teil müssen Sie dann die Gründe nennen, die Obama für diese Probleme anführt. Wir empfehlen eine sehr knappe Antwort, da Sie ansonsten Probleme bei der Lösung der zweiten Aufgabe haben werden. Dort sollen Sie nämlich die zentralen Inhalte noch einmal genauer im Hinblick auf ihre Überzeugungskraft untersuchen und sollten Wiederholungen (nicht nur aus Zeitgründen) unbedingt vermeiden:
   - *Obama's demand for change consists of his claim that it is time for new policies and a new government*
   - *the current US problems are poverty, war, and natural catastrophes*
   - *they are owing to the weakness of the Bush administration and their wrong political focus*

   In his announcement for President on 10th February 2007 Senator Barack Obama explains that it is time for new policies and a new leadership. He bases his demand for change on American history by claiming that in times of crisis there has always been somebody to "turn the page" (l. 38) and that today's government has failed to do so.

   To Obama, the challenges the Bush administration has failed to meet over the last few years come from different political spheres. On a national level, debts and health costs are ever increasing while wages stay at the same level. Many families are penniless. On an international level the war on Iraq has killed so many American soldiers (l. 35) but a withdrawal has not been considered. It is a "war with no end" (l. 21). Additionally there are environmental problems like climatic change, which has resulted in phenomena like Hurricane Katrina (l. 35).

   The reasons for these problems lie in the weakness of the current President, who failed to take tough decisions (l. 28) rather than giving tough speeches (ll. 33 / 34). From the Senator's point of view there has not been a clear political focus on the important issues – instead the government has concentrated on appeasing voters ("scoring cheap political points" ll. 28/29), denying the existence of difficulties and finding scapegoats (l. 36). *(226 words)*

2. *Grundkompetenz: analysis*
   Die zentrale Botschaft wird mit viel Überzeugungskraft vorgebracht, die aus der Anwendung stilistischer Mittel und einer geschickten Auswahl der Inhalte resultiert. Bei den Stilmitteln sind insbesondere Wiederholungen, parallele und anaphorische Konstruktionen sowie Gegensätze zu nennen. Eingebunden sind die Stilmittel zumeist in kurze, prägnante Sätze:
   - *series of repetitions, anaphoric and parallel constructions*
   - *contrasts show that the Americans have finally been successful in integrating extremes into one nation*

– *brief but tangible statements are an important technique of persuasion*
Die Inhalte sind so ausgewählt, dass sie ein positives und optimistisches Bild des amerikanischen Volkes zeichnen. Die Leistungen der Vergangenheit werden herausgestellt und den Unzulänglichkeiten der Regierung Bush gegenübergestellt. Die zentrale Botschaft steht als Schlussfolgerung am Ende der Rede.
– *the content of Obama's announcement for President is largely optimistic*
– *he gives selective information about American history*
– *the shortcomings of the current President George W. Bush are stressed*

The persuasive power of Barack Obama's speech is owing to the artful use of stylistic devices such as repetitions, parallel and anaphoric constructions, enumerations (l. 32), contrasts, and short sentences. He selectively talks about the American past, appreciates the accomplishments of the American people and supports his conclusion that it is time to act by evaluating adjectives and his dogmatic tone in the last part of the excerpt.
In the first 13 lines Obama uses the verb "to change" (ll. 2/13) three times because it sums up the gist of his speech in one word. The auxiliary "can" (ibid.), which accompanies the operative word twice, shows that change is an option and nothing will happen without any further action by the "people who love their country" (ll. 12/13). Additionally the candidate presents the challenges of the American past in a series of repetitions ("In the face of […]", ll. 3–5), which shows that one thing has stayed the same: there have always been challenges America has had to face. Another repetition is inherent in parallel and anaphoric constructions which support the idea that great Americans like Abraham Lincoln, for example, have shaped the country and changed it for the better even though they were confronted with hardship and failure: "He had his doubts. He had his defeats. He had his setbacks. But through his will and his words, he moved a nation [...]" (ll. 14/15). In this passage the repetition of the verb phrase enhances the impression that Lincoln had to overcome a vast number of difficulties, and it disguises the fact that "defeats" and "setbacks" are largely synonymous in a political context. In the same paragraph contrasts like "North and South, slave and free" (l. 17) show that the Americans have finally been successful in integrating extremes into one nation – that is: until the Bush administration came into power.
Both repetitions and contrasts are also helpful to create short sentences without making them sound boring. In a political speech the use of brief but tangible statements can be considered one of the most prominent techniques of persuasion. The shortcomings of the current President George W. Bush are stressed by the use of enumerations. The "failure of leadership", as Obama puts it in line 26, actually consists of a long list of different failures (ll. 26–29). These, of course, are the reason for another long list of negative effects on the American nation, like "mounting debts, […], rising health care costs […], stagnant wages, […], climatic change" (ll. 31–37).
The content of Obama's announcement for President is largely optimistic. He catches the interest of the audience because he paints a positive picture of the

American people of the past, the present and the future. When he reports about American history he gives selective information. The failures of the forefathers are simply left out, nostalgia prevails and the listeners can take a stroll down memory lane rather than being confronted with a critical analysis. The positive historical references include the listener by using the personal pronouns "we" and "our". In this part, the Senator additionally uses a simile which shows the power of Martin Luther King and the movement he triggered: "we heard a King's call to let justice roll down like water, and righteousness like a mighty stream" (ll. 6–8).
Obama's tone changes into a dogmatic one when he describes the current situation (ll. 20–37). His criticism of the Republican government becomes obvious while evaluating adjectives show that he respects and appreciates the American people. The underlying idea is simple: voters who are confronted with a positive image of themselves are in a positive mood. And only people who are in a positive mood may join the process of change that Obama calls for. The need for change is also mirrored by the change of tense within the speech. The speaker starts by using simple past, later uses more and more present perfect forms, and only in the last part does he use simple present which stresses that NOW "it's time to turn the page" (l. 38). *(685 words)*

3.1 *Grundkompetenzen: evaluation / comment*
Der zentrale Wesenszug des Amerikanischen Traumes, den Obama betont, ist die Dynamik des nationalen Erfolgstraums, die eine ständige Bereitschaft zur Veränderung erfordert. Diese Überlegung findet sich in vielen Konzepten des American Dream wieder:
- *the American Dream is based on constant changes*
- *a dynamic concept of the national myth is rooted in the American past and so are basic values like equality or freedom*

Der Beispielkommentar geht in der Folge kritisch darauf ein, dass Obama weder das Ausmaß der aktuellen Schwierigkeiten umfassend herausarbeitet noch konkrete Lösungen anbietet. In dieser Unklarheit ähnelt der Senator einigen der erfolglosen Charaktere, die in der amerikanischen Literatur dargestellt werden:
- *Obama fails to show how far the Bush administration has led the country astray*
- *he just states that war, dependence on oil, and lack of education cannot be accepted but he does not specify any steps that can be taken*
- *his vision stays just as blurred as the vision of many fictitious characters in American literature*

Obama's idea of the American Dream is based on constant changes – changes which are necessary adjustments to a changing world.
In my opinion his dynamic concept of the national myth is indeed deeply rooted in the American past, especially when an integration of extremes was called for. Equality has always been a crucial value in the US – be it in Crevecoeur's "melting pot" or in a "salad bowl". Obama is also right when he talks about ever

new waves of immigrants, but his claim that they were all welcomed on the American shores is rather euphemistic (ll. 5/6). Many people who came to America never broke free even though (technical) accomplishments like "the man on the moon" (l. 6) have always furthered the illusion that not even the sky is the limit.

A dynamic concept is also inherent in Jefferson's "Life, Liberty and the Pursuit of Happiness" because the Pursuit of Happiness has to be a steady process. On a national level the frontier is a good example and a good symbol of the true and dynamic American spirit. On an individual level it is the illusive idea that you can go from "rags to riches" or that everybody is equal (compare Obama's reference to Martin Luther King in line 7). All this made the Americans the only nation which gave its name to a dream.

To my mind, however, Obama's announcement fails in two respects. First, it fails to show how far the Bush administration has led the country astray from these ideals and promises: the "frontier" is now somewhere in the Middle East, and of all industrialized countries the USA has the highest number of people living below the poverty line. Second, he does not suggest any concrete solution either – he just states that war (l. 21), dependence on oil (ibid.) or lack of education (l. 22) cannot be accepted. As a result, he just presents the vague idea that there has to be a change including the election of a new government that will role up their sleeves to meet the challenges depicted above. Unfortunately he does not reveal what the new leaders could do once they have rolled up their sleeves ...

As in many literary texts, the idea that something can happen will probably remain hot air, maybe a painful nightmare like that for Lee and Austin in *True West,* who personify the failure of an American Dream which is based on honesty and solidarity. The sudden competition between the two brothers and the illusion that life in the desert is the better choice especially show that "change" is not necessarily successful.

In conclusion we can say that as long as Obama does not specify the steps he is willing to take in order to bring about a true and positive change, his vision will remain blurred, pretty much like the vision of many fictitious characters which shows that the American Dream is the long-delayed dream we have always waited for, meanwhile forgetting to live. *(501 words)*

3.2 *Grundkompetenz: (re-)creation of text*

Die Aufgabe gibt Ihnen eine recht große Freiheit beim Verfassen des Textes, da der Sprachstil und die Fragetechnik des Journalisten nur durch die Bemerkung definiert ist, dass er eine kritische, konservative Grundeinstellung hat. Er wird also versuchen, den Kandidaten durch seine Interviewführung in Verlegenheit zu bringen (gerne auch durch polemische Kommentare oder Provokationen).

- *critical questions and maybe even provocations*
- *conservative attitude*

Die Antworten Obamas sollten staatsmännisch souverän sowie möglichst offen und vage gehalten werden – schließlich steht er zu Beginn eines langen (Nomi-

nierungs-)Wahlkampfes. Es ist sinnvoll, den Kandidaten möglichst lange sprechen zu lassen und bei der Gestaltung der Antworten auf Inhalte und Stilmittel der Rede zurückzugreifen:

JOURNALIST: Senator Obama … just a few questions concerning your speech?

OBAMA: Yes, of course.

JOURNALIST: Steve Mitchell, Springfield Chronicle. Senator Obama, is it your personal American Dream to become President of the USA?

OBAMA: I can truly say that we have had so many great Presidents in the history of our nation that this would be a great honour and a great pleasure for me and a chance to bring about a significant change in politics.

JOURNALIST: You have been talking about a need for change but you did not specify how you will bring about that change.

OBAMA: First we have to revive the American Dream – we, the American Nation, have to adapt to a new political situation. So far for us globalisation has meant fighting a war we do not need. Let's put an end to that war. If we work hard we will be able to use the global economy to create an economic upswing which everybody can feel. The American Dream can come true for everybody – black, white, Hispanic …

JOURNALIST: Isn't it important to fight rogue states like Iraq for our own safety in order to preserve the American Dream?

OBAMA: The war against terrorism is an important issue and we will deal with this problem competently.

JOURNALIST: I thought you wanted a change …

OBAMA: That is exactly what I'm saying and that is what we are going to do during the election campaign and afterwards. It's time for a change.

JOURNALIST: Talking about change … what can you do about poverty and the stagnant wages which you mentioned in your announcement?

OBAMA: I will stand up for minimum wages – people have the right to live a good life if they work hard. I will stand up for better health care – people have the right to live a healthy life. I will stand up for the protection of the environment – people have the right to live in a world without global warming and without the fear of hurricanes. I will …

JOURNALIST: Before you go on talking about other topics. What do you think an average factory worker in the state of Illinois earns per week?

OBAMA: Mmh …

CAMPAIGN MANAGER: Senator Obama, I think we need to move on.

JOURNALIST: Let me ask that in a different way: What do you think would be an appropriate wage for a factory worker?

CAMPAIGN MANAGER: Mr Obama, I think we need to move on.

OBAMA: That surely depends on the type of business he works for. The important thing is that he can live a good life and support his family. Children need proper food and accommodation; they need a home and education.

JOURNALIST: Thank you for the interview. *(455 words)*

Abiturprüfung NRW – Englisch Grundkurs 2009
Aufgabe 1

Aufgabentyp: *Literarischer Text (Romanauszug) (Textaufgabe mit analytisch-interpretierendem Schwerpunkt; alternativ mit anwendungs-/produktionsorientierter Aufgabenstellung)*
Unterrichtsinhalte: *dystopia, science fiction, cultural diversity, moral issues, ethics; comment, letter*

Ben Peek, *Black Sheep* (extract)

The novel Black Sheep *is set in the near future in Australia, where, as in all other continents, races have been segregated into walled ghettos defined by three 'mass racial' categories: Asian, African and Caucasian. This excerpt tells the story of Isao Dazai, a Japanese-born man, who has recently immigrated to Australia with his family. Living in Asian-Sydney, Isao knows that simply wanting to cross the city's boundaries is one of the greatest of crimes in this new world, as is his inability to leave his Japanese culture behind.*

I was convinced of being Japanese. It was my only crime, and when found guilty, I was sentenced to Assimilation. […]

Inside Sol Demic's hall, neon lights swept over my face. The walls were white, new born but sterile, and there was no sound beyond the stumbling trip of my feet and my chains. The Segregators never said a word, never told me when to turn into a doorway, or when to stop. They used their nightsticks: digging into my back to get me to move faster, slapping my right side to have me turn right, my left to go left.

Eventually I reached a door that didn't open, and I waited for one of the Segregators to open it.

It had been one hour since my trial had finished.

The Judge, a dour, sagging, sinking past his bones old man, had said: "Isao Dazai, you have broken the United Nations Laws of Nationality. In doing this, you have put the good people of Asian-Sydney in danger of Multiculturalism, a most heinous crime for which we, as People of the World, must be ever vigilant against. The court has viewed the evidence that has been presented before us, and we find that not only are you Japanese, but that you are Japanese with full awareness that you are living in Australia. Your willing embrace of this state, your flaunting of it actually, is nothing less than frightening, and we are forced to worry just what impact you have had on those around you. I am forced to ask myself just how scared your family are, and find myself with no alternative than to recommend counselling for them, while for you, Isao Dazai, I have only one choice. It is the ruling of this court that your punishment be the only kind that can be given to someone of your … *illness.* We find that you will be Assimilated."

No one had said a word to me afterward. […]

A nightstick jabbed into my spine, pushing me through the now open door and into a small, unfurnished room. The floor was tiled white, and at the other end of the room stood a door, which slid open.

Three men entered. The first two were tall, lean men wearing flowing white coats which billowed in their wake, while the third man, shorter, wore only overalls.

"Ah, here he is, here he is," said the first of the men, older than the others, and his head completely bald. His narrow face was covered in fine, intricate lines, as if a sculptor had chiseled him. His dark eyes glittered and shone as he stared at me intently, then said, "The chains. Take them off, please."

The male Segregator bent down, and the lock clicked open. A moment later, my hands and feet were free – though the chains might have stayed, for all the difference it made.

The bald man's hand curled around my chin, twisting my head from left to right. "How old are you? Thirty, I would guess." He plucked a strand of black hair out of my head, then murmured, "It is an easier procedure on teenagers and anyone over fifty. Did you know that?"

I could think of nothing to say.

"Sho," said the man, not turning from my face but continuing to srcutinise it. "Take him to his cell, have him changed there." […] *(563 words)*

Ben Peek: Black Sheep. London: Prime Books 2007, p. 9–11.

Annotations:

l. 2 *Assimilation: here:* a radical and invasive punishment created by the Australian government stripping the individual of his personality and skin pigmentation and leaving him with nothing but a number to identify himself

l. 3 *Sol Demic:* Assimilation Centre

l. 42 *Sho:* name of a Segregator

Aufgabenstellung

1. Outline the protagonist's situation, his crime and the consequences as presented in this extract from the novel. *(Comprehension)* — 16 Punkte

2. Analyse the way the totalitarian state is portrayed in this excerpt from the novel *Black Sheep*. Consider narrative perspective, atmosphere, interaction and language. *(Analysis)* — 24 Punkte

3. Choose **one** of the following tasks:

3.1 In this future state *"Multiculturalism [is seen as] a most heinous crime"* (l. 13/14). Against the background of this view discuss the problems and chances of multiculturalism. Refer to your knowledge of multicultural societies today and to the film *East is East*. *(Evaluation: comment)* — 20 Punkte

3.2 A publishing house is planning an anthology of dystopian literature. Write a letter to the person in charge in which you recommend this extract as an excellent example of a dystopian text. Support your views with your knowledge of dystopian literature and current events. *(Evaluation: re-creation of text)* — 20 Punkte

---

Lösungsvorschläge

1. *Grundkompetenz: comprehension*
Die Situation des Protagonisten beinhaltet zum einen seine allgemeine Situation (Rahmenbedingungen) und zum anderen die aktuelle Situation (zu der im vorliegenden Text dargestellten Zeit). Sie können entweder von dem Exzerpt ausgehen und – wie im Roman – rückblickend auf die Vorgeschichte eingehen oder Sie gehen wie in unserer Musterlösung chronologisch vor. Hierbei sollten Sie aber deutlich machen, dass Sie verstanden haben, wann das Exzerpt genau spielt.
   - *Isao, a member of the mass racial group "Asian" has a strong feeling of his Japanese nationality*
   - *in court he is told that he is a threat for society*
   - *he is sentenced to "Assimilation" and thus will be deprived of skin colour and (cultural) identity*
   - *he is rudely taken to an Assimilation centre and pushed along till he meets his Assimilators*

The protagonist Isao Dazai is Japanese by blood but living in Australia. Even though he falls into the mass racial group "Asian" he has a strong feeling of his Japanese nationality. In the excerpt the main character never personally expresses that he is in any way different from the others but international laws define his awareness of his cultural roots as a crime against the "People of the World" (l. 14).

In court, Isao stays silent all the time while the judge explains his "crime" to him and sentences the main character to "assimilation". That means that Isao will have to undergo a procedure which will deprive him of his original skin colour and cultural identity.
The excerpt is set at Sol Demic assimilation centre. Only one hour after the trial Isao has been handed over to the executive authorities. On the premises he is driven violently towards a door which is closed at first. Isao has to wait in front of it and looks back at his trial in a flashback. Later the door is opened by three Assimilators, who loosely examine him in preparation for the procedure which will take place in the prison cell. *(197 words)*

2. *Grundkompetenz: analysis*
   Formulieren Sie zunächst eine zentrale Aussage zur Darstellung des totalitären Staates:
   - *totalitarian state of Australia depicted as inhumane and unfair (exemplified by the protagonist's fate)*

   Benennen Sie dann die einzelnen Aspekte, die zu dieser Darstellung beitragen. Am besten ist es, wenn Sie die in der Fragestellung vorgegebenen Elemente in der angegebenen Reihenfolge berücksichtigen. Zuerst die Erzählperspektive:
   - *first person narrator merely reports what happens to him*
   - *elaborated direct speech in the flashback shows perspective of the totalitarian state*

   Danach die Beschreibung der Atmosphäre:
   - *setting seems as sterile, efficient and inhumane as the totalitarian system*
   - *white tile, coldness of light and speechlessness contribute to the effect*

   Als drittes die Interaktion in Zusammenhang mit der Sprache des Exzerpts:
   - *interaction is marked by a clear hierarchical structure*
   - *the judge, who represents the state, moralizes and makes Isao speechless*

In the excerpt of Ben Peek's novel *Black Sheep* the totalitarian state of Australia is depicted as inhumane and unfair, which is exemplified by the protagonist's fate. The power of the regime victimizes those who do not comply with the strange regulations of the system. The ambiguous effect of the narrative technique, the cold atmosphere of the setting, the strictly regulated hierarchical interaction and the consequent differences in language usage show the weird policies the totalitarian regime pursues.
The ambiguous effect of the narrative technique results from the fact that a first person narrator clearly offers the most personal way of narration and the chance to involve the reader in the narrator's fate. Even though Peek chooses this point of view – in contrast to most other first person narratives, Isao merely reports what happens to him without revealing any personal evaluation or any complaint about the pain inflicted on him by the obvious injustice of the system. The narrator even describes the physical attacks of the Segregators neutrally and makes the system appear to be efficient and swift (cf. l. 10). Peek leaves it to the reader to create the impression of injustice in his mind. This is furthered by the contrast

to the long flashback (ll. 11–24) in which the scene at court is represented in the elaborated direct speech of the judge, which significantly differs in style. Here, of course, the position of the state is shown. Not even after the verdict of the Judge does Isao express his helplessness. The only instance in which this feeling becomes obvious in the language of the narrative parts, is when Peek uses irony in lines 35 and 36.

The atmosphere of the excerpt is largely created by the setting at "Sol Demic's hall" (l. 3) which seems as sterile, efficient and inhumane as the totalitarian system as such. The white tiles on the walls (cf. l. 26) may remind the reader of a hospital or even a slaughterhouse. The innocence of the white colour is lost, even though from the perspective of the totalitarian system Sol Demic's hall seems to be a necessary institution. The people who work there match the image of either hospital or slaughterhouse staff because they wear white coats or overalls. The coldness of the "neon lights" (l. 3) and the silence support the impression that Sol Demic is an entirely dehumanized place.

The interaction in the excerpt is marked by the strong differences between the characters. There is a clear hierarchical structure which mainly results from the elevated position of the Judge and the power he, the Seggregators and the Assimilators exert on Isao Dazai. Like the others, the judge is a flat character who does not even have a name. The power of the state is an anonymous entity – this impression is strengthened by the passive constructions in the first part (ll. 1/2). However, the judge represents the state and can thus be considered a *pars pro toto*. He advocates the strange laws of the continent in a moralizing language. The moral code the judge explains is as simple as the threefold distinction of the races in Australia: on the one hand there are the "good people" and the other hand there are the "heinous" (l. 13) criminals, who cannot forget about their cultural identity and bring about the danger of "multiculturalism" (l. 13). The soughing speech of the judge leaves Isao speechless – just as speechless as the rough physical interaction at Sol Demic's hall. *(582 words)*

3.1 *Grundkompetenz: evaluation, comment*

Erläutern Sie zuerst, wie die Kriminalisierung des Multikulturalismus im Kontext des Textauszugs einzuordnen ist, da im totalitären System von Black Sheep *von einer Umbewertung der Vorzüge von „Multiculturalism" auszugehen ist:*

- *chances of multiculturalism could possibly be regarded as dangers in the context of the novel*

Aus heutiger Sicht auf den Themenkomplex könnten Sie anschließend z. B. folgende Aspekte gegenüberstellen:

Problems:

- *differences in language use, moral codes, and interaction rules force us to reconsider our own culture*
- *different religious beliefs tend to claim absoluteness and may even rule out contact*
- *unfortunately cultural clashes are often also linked to social conflicts*

Positive aspects:

- *various perspectives on important issues are potentially fruitful*
- *choice of different lifestyles enriches our world*

Mögliche Parallelen zum Film East is East*:*

- *Nazir Khan, the transcultural son of a British-Pakistani family, fails to go through with an arranged marriage*
- *religion plays an important role which is expressed by the operation of the second son*
- *cross-culture marriages may secure peace and understanding in the long term*

Abschließend sollten Sie noch eine persönliche Meinung als Ergebnis Ihrer Diskussion formulieren.

That multiculturalism is defined as a "heinous crime" (ll. 13/14) in the dystopian world of *Black Sheep* is probably rooted in the fact that the dangers of multiculturalism pose a threat to the totalitarian regime. This, of course, means that what we consider the positive aspects of multiculturalism today could possibly be regarded as dangers in the context of the novel, too. However, from today's perspective the problems such as cultural frictions, prejudices and religious conflicts are balanced out by the additional options for development, the extended choice of lifestyles, and the existence of different perspectives which multiculturalism brings about.

J. Hill's notion that "there are no problems between cultural groups until they understand each other" is probably a good description of the reasons for cultural clashes. As long as we stay in our own cultural context and do not bother about interacting with other people's culture there is no reason to justify or even think about ourselves. Visible cultural elements like different food, clothes, and language still do not challenge us significantly more than the tip of an iceberg challenges a ship but the things that form the basis of the iceberg such as moral codes and interaction rules force us to reconsider and maybe even modify our own world and our self-image. This, of course, can be uncomfortable, even unpleasant. Unfortunately cultural clashes are often also linked to severe social conflicts because economic differences between cultural groups are likely to appear in a world of migrant labour.

Prejudices make it difficult to cross cultural boundaries because people may try to avoid contact with other cultures' customs before it can actually be established. However, once contact is established it does not necessarily mend the situation. For example in the film *East is East* Nazir Khan, the son of a British-Pakistani family, fails to go through with an arranged marriage that does not comply with his (rather British) standards. Still – and that is expressed by the end of the movie – cross-cultural marriages may open up the chance to secure peace and understanding between members of different cultural groups in the long term. The different perspectives on important issues, which multiculturalism brings about, are potentially fruitful and the extended choice of different lifestyles enriches our world.

When it comes to religion, multicultural or transcultural life can be even trickier. This is also insinuated in the film by the operation which the other son is supposed to undergo. However, what is especially difficult to handle is that religious beliefs tend to claim absoluteness and may even rule out contact to followers of other gods.
If we can overcome those obstacles and take the chance of living together (and not only next door to each other), we will probably make our lives more complex, even difficult, but it will certainly pay off. *(470 words)*

3.2 *Grundkompetenz: evaluation, re-creation of text*
Beim Verfassen eines Briefes sollten Sie zunächst auf die äußere Form achten (Adressen, Datum, Anrede, Abschluss). Die Argumentation ist Ihnen natürlich freigestellt, allerdings empfehlen wir, folgende Aspekte zu berücksichtigen:
- *introduction of sender*
- *definition of good dystopian literature*
- *explanation why* Black Sheep *is a perfect example*
- *appeal*

Joshua Mendes
(Chairman of Greenwood Goodread)
24 Satyr Road
243-FSG-23
Greenwood

Futurama Publishers
1–4 Stilton Cross Boulevard
1426-AL-L-24
London

"Life in Dystopia" – your anthology
– to whom it may concern –

3/12/2009

Dear Sir or Madam,

I'm writing to you on behalf of Greenwood Goodread, a group of readers and writers, who are fond of science fiction literature, both traditional and modern. Obviously, to us your plan to publish an anthology of dystopian narratives is of special interest. Of course, each of our members would appreciate seeing his favourite piece in your book, so we gave up our original idea to send you a list of literary works which we think could fit into such an anthology. Still there is one recommendation which we all share and thus I'm writing to you in order to express our ardent wish to have the novel ***Black Sheep* by Ben Peek** included.
We agree that the text matches the three major criteria which we would define for an outstanding dystopian novel. First, it pictures a daunting world which is characterized by hopeless suppression of mankind. Second, the inner logic of the system is both coherent and frightening. Third, it is closely related to today's problems and touches the reader.

The hopelessness which shows in the protagonist's fate resembles Winston Smith's failure to adapt to the rules of the totalitarian state in *1984*. Minor deviations inevitably lead to major conflicts – a new tragic hero of dystopia is born. The inner logic of the system hits the reader with a brutality hitherto unknown. Yet the novelist is able to hide this brutality behind the empty phrases of the state's representatives, which – in a slightly different combination – could be found in political speeches and pamphlets today.

Being on the verge of a multicultural Britain, we can probably also say that Peek's book presents a dystopian world that is also up-to-date in regard to the issues it touches.

What if this very culture turns against us one day? What if nobody directs our attention to the potential political dangers that we will encounter if we fail to handle the issue of multiculturalism in a responsible way?

Please help your readers to develop a critical attitude towards the topic and give them the chance to enjoy an extraordinary dystopian narrative by including an excerpt from this novel in your anthology. We have included a copy of the book for your convenience and have bookmarked the passage we would recommend. Enjoy reading it!

Best wishes from Greenwod
Yours faithfully
Joshua Mendes
(Chairman)

(424 words)

Abiturprüfung NRW – Englisch Grundkurs 2009
Aufgabe 2

Aufgabentyp: *Sach- und Gebrauchstext (Zeitungsartikel) (Textaufgabe mit analytisch-interpretierendem Schwerpunkt; alternativ mit anwendungs-/produktionsorientierter Aufgabenstellung)*
Unterrichtsinhalte: *American traditions and visions, moral issues, ecological issues, global challenges; newspaper article, evaluation, comment*

US Excess Vs. Nature's Limits by Cynthia Tucker

The mythology of the Old West is replete with tales of dry land and drought, of parched landscapes and prayers for rain. Hollywood has told many a story of rainmakers – men, and occasionally women, who wandered the prairie with promises of a magic that could cause the heavens to open up and pour water down upon the earth.

Suddenly, the desperation that drove such claims doesn't seem so far-fetched in the Southeastern United States, where severe drought is drying up wells and emptying reservoirs. Humanity has progressed mightily since the days of Conestoga wagons, but we still can't make rain.

Nor fossil fuels. Our technological breakthroughs are indeed miraculous, but mankind still cannot create one of the essentials of life – water – or one of the great luxuries of life: petroleum. There are limits.

Oddly, we seem to have hardly noticed. In the industrialized world, especially in the United States, we consume precious resources as if abundance were our birthright. And we're angered by anyone who suggests otherwise.

When President Jimmy Carter was faced with an embargo by the Organization of Petroleum Exporting Countries, he responded by ordering conservation. Americans complied, but only grudgingly. And we despised him for insisting that we make do with less.

That's why no president has dared suggest since then that Americans make sacrifices, that we learn to live with limits. We want to drive Hummers to work and plant rice in the desert. Somehow, the American Dream has become identified with excess: bigger houses, bigger cars, bigger bathrooms.

Meanwhile, fast-developing countries, especially India and China, admire our consumption patterns and copy our habits. They, too, want automobiles, air-conditioning, golf courses and shopping malls. Americans are hardly in a position to lecture them about conservation when we've set such a poor example.

So when the oil-rich sheikhs of the desert kingdom of Dubai build the world's biggest indoor ski resort, who are we to criticize? The sorry truth is that Americans are actually paying for that ski resort, and all the other fabulous excesses of Dubai, through our addiction to oil.

If there is any good news, it is this: We're becoming aware of the cost of our petroleum profligacy. Not only are we enriching jihadists in oil-rich countries, but our consumption is also fueling climate change. The environmental agenda is gaining adherents. Besides, price tends to get our attention. With petroleum hovering near $ 100 a barrel, motorists are bound to use less. Congress may finally demand more fuel efficiency from automobiles and perhaps even get serious about investments in alternative fuels.

But a limited water supply is not something we've been forced to think about, especially in greener areas of the United States, like Georgia. We believe drought is cyclical.

Many climatologists have warned, however, that one consequence of global warming is more frequent and more severe droughts. Maybe we should learn to live with fewer golf courses and swimming pools, with lawns that demand less pampering and cars that still look just fine with less washing.

We ought to set an example of conservation in a world with an expanding population and limited resources. Already, scientists predict that wars in the near future will be waged over water. Instead of modeling excess, perhaps the United States can be a model of temperance, of living within nature's bounds. *(563 words)*

Cynthia Tucker, US Excess Vs. Nature's Limits, in: The Baltimore Sun, November 19, 2007.

Annotations:
l. 7/8 *Canestoga wagons:* heavy horse-drawn wagons used during the westward expansion
l. 15 *Jimmy Carter:* President of the USA 1977–1981
l. 20 *Hummer:* brand of car that consumes a lot of petrol
l. 32 *jihadist:* fighter in a Muslim holy war
l. 48 *temperance:* sensible control of the things you say and do

Aufgabenstellung

1. Point out the US use of resources and its global consequences according to the author's views. *(Comprehension)* — 16 Punkte

2. Examine how Cynthia Tucker gains her readers' interest and convinces them that changes in their energy consumption are necessary. Consider aspects of content, composition and language. *(Analysis)* — 24 Punkte

3. Choose **one** of the following tasks:

3.1 Considering the process of globalization today, comment on Tucker's warning that "in the industrialized world […] we consume precious resources as if abundance were our birthright" (l. 12–14). *(Evaluation: comment)* — 20 Punkte

3.2 According to Tucker, we are dependent on and addicted to oil (l. 30). Bearing in mind the environmental and personal implications at stake as presented in her text, write an article for your school magazine about the question if young people should own a car or not. *(Evaluation: re-creation of text)* — 20 Punkte

Lösungsvorschläge

1. *Grundkompetenz: comprehension*
Stellen Sie dar, dass sich der Verbrauch von natürlichen Ressourcen in den USA vor allem dadurch auszeichnet, dass dort ein Leben im Überfluss als Selbstverständlichkeit angesehen wird. Dies widerspricht allerdings der Erkenntnis, dass natürliche Vorräte keineswegs unbegrenzt sind:
   - *people in the US take abundance for granted*
   - *natural deposits (crude oil and water), however plentiful, are actually limited*

   Erläutern Sie nun genauer, dass laut Cynthia Tucker das Öl in den USA hauptsächlich durch umweltschädliche Automobiletechnologie verschwendet wird. Der hohe Spritverbrauch führt zu Erderwärmung und trägt nach Meinung des Autors zu einer Finanzierung von Terrorismus aus dem mittleren Osten bei:
   - *inefficient fossil fuel combustion end extensive use of petrol lead to global warming and finance terrorism*

   Wasser beginnt ebenfalls, ein rares Gut zu werden, da Schwimmbäder und Golfplätze zu einer Übernutzung der Reserven führen. Hinzu kommt, dass häufigere und längere Trockenperioden eine zentrale Folge der Erderwärmung sind:
   - *people in the USA built more and more swimming pools, golf courses and car-washes*
   - *due to global warming droughts become more and more frequent*

   In her article "US Excess vs. Nature's Limits", published in *The Baltimore Sun* in November 2007, Cynthia Tucker refers to the extreme (over-)use of resources in the US. She points out that the natural deposits of raw materials, especially crude oil, and water reservoirs, however plentiful, are actually limited. From her point of view, the American people think that they have a fair claim (even a natural right, ll. 13/14.) to exploiting resources without considering long-term-effects. They simply take abundance for granted and waste oil and water.
   Inefficient fossil fuel combustion and the extensive use of petrol, such as by Hummers or other monster-sized vehicles, will eventually lead to a depletion and a severe crisis. Global consequences such as the fueling and funding of terrorism (l. 32) and the greenhouse effect have already made a significant impact.
   The use of water, the elixir of life, shows similar tendencies. Whereas in the US swimming pools and large golf courses as well as car-washes are still being built, there is a shortage in other parts of the world; people may even start going to war for potable water in the near future. This again is related to global warming, which Tucker exemplifies by referring to the increasingly drier Midwest of Northern America. Frequent and severe droughts recall the pictures of a dusty cowboy movie scenario, set a long time before the continent was taken over and fully cultivated. *(237 words)*

2. *Grundkompetenz: analysis*
Der Artikel zeichnet sich durch eine Vielfalt von Themen aus, die sich im Hinblick auf räumlichen, zeitlichen und thematischen Bezug ergänzen. Diese Themen werden weitgehend zirkulär abgehandelt, d. h. Tucker geht von einem Aspekt aus, wendet sich dann anderen Aspekten zu und kehrt am Ende wieder zu ihrem Ausgangspunkt zurück:
- *the choice of content is marked by variety and contrast*
- *she deals alternately with the common mythology of the USA and modern political ideas*
- *she changes her points of reference circularly (from the Midwest into the world and back)*

Sprachlich verstärkt Tucker ihre Überzeugungskraft durch kurze Aussagen, die teils als Binsenweisheiten gelten können. Sie bezieht sich selbst in die Verschwendungssucht der Amerikaner ein und, so gelingt es ihr z. B. mit Hilfe von rhetorischen Fragen zu moralisieren. Durch die Wortwahl wird das Gewicht der Argumentation verstärkt, da zentrale Aspekte z. B. durch Tautologien betont werden:
- *short sentences with an apodictic tone offer simple recognition*
- *the personal pronoun "we" makes it easier for her to take a moral stand*
- *rhetorical questions show that the Americans cannot justifiably elevate themselves*
- *important aspects of the article are stressed by a clever choice of words*

The journalist attempts to catch the readers' attention and to influence thier opinion by a remarkable range of topical aspects, a largely circular structure and various language devices, such as apodictic statements, rhetorical questions, and a clever choice of words.
The choice of content is marked by variety and contrast. She deals alternately with the common mythology of the USA and modern political ideas. The harsh habitat of the dusty American midland, which she fears could also be a model for the future, is contrasted with the popular hatred for the conservation-conscious attitude of the Carter administration. Their policy, of course, would have been a good way to counteract the desertification of the American midland. Tucker stresses that her argumentation applies to a variety of natural resources, when she deliberately tackles water as an example of an essential good and oil as an example of a luxury. The broadness of her approach also shows in the fact that she deals both with the direct impact of inconsiderate resource management and with the less obvious, indirect consequences.
The circular structure of Cynthia Tucker's text can be seen in the way she changes her points of reference, concerning both spatial aspects and natural resources. She starts off by dealing with specific regions of the USA, then moves on to the whole country, to Arabia, India and China and finally back to "Georgia" (l. 39). In regard to the exhaustible raw materials, she focuses on water first, then on oil and again on water. These two aspects complement each other but they also form a contrast. This type of structure is tangible in the title as well. The reader is directly acquainted with the basic conflict between "US Excess" and "Nature's

Limits", which grossly simplifies today's ecological dilemma but makes people read on.

Tucker's use of language is characterized by rather short sentences with an apodictic tone that offers simple recognition to the reader. The best example is probably the hardly surprising statement that "there are limits" (l. 11). Similarly the commonplace that we "still can't make rain" (l. 8) is used to make a mockery of the progress of mankind.

Tucker includes herself in her argumentation ("we", l. 20) even though we may suspect that she personally does not drive a Hummer to work. Especially the use of the personal pronoun "we" makes it easier for her to take a moral stand when she formulates rhetorical questions which show that the Americans cannot justifiably elevate themselves above other people who waste precious energy resources (ll. 27/28).

Important aspects of the article are stressed by a clever choice of words. For example in the first line Tucker uses a tautology when she writes about "drought" AND "dry land" (even though a drought inevitably brings along dry land anyway). That the text is blown up on purpose can also be seen when she prolongs the well known and commonly used abbreviation OPEC into "Organization of Petroleum Exporting Countries" (ll. 15/16) – a somewhat unusual, slightly awkward term that makes the institution sound even more powerful. In another paragraph she describes our dependence on oil as a disease ("addiction", l. 30) and frequently refers to the national myth of the American Dream – a point of reference somewhere between fairy tale and reality. In the following she even adopts the typical jargon of the myth: the alliterative sentence structure in line 22 shows that the mythical notion of a "better, richer and happier" life has turned into an excessive "bigger […], bigger […], bigger" (l. 22). *(590 words)*

3.1 *Grundkompetenz: evaluation, comment*
Bei dieser Aufgabe macht es Sinn, sich zunächst entweder zustimmend oder ablehnend (hier: zustimmend) zu der zitierten Behauptung zu äußern und die daraus indirekt abzuleitende Warnung auszuformulieren:

- *indeed, most of the treasures of our earth are exhaustible*
- *the warning which is inherent in this recognition is that one day we (or our children) may be stuck without anything left*

Danach gilt es laut Aufgabenstellung die Auswirkungen der Globalisierung mit der Verschwendung von Ressourcen in Beziehung zu setzen.
Mögliche Aspekte wären:

- *global competition has made prices more important than environmental friendly technologies*
- *more and more countries share a basic standard of living that includes a range of consumer goods*
- *the sheer number of new mass consumers is enough to blow most of our resources in no time*

Im folgenden Text wird daraus eine sehr negative Zukunftsprognose abgeleitet.

We cannot expect abundance to last forever – indeed, most of the treasures of our earth are exhaustible. The warning which is inherent in this recognition is that one day we (or our children) may be stuck with nothing left. Then there will be two alternatives: first, mankind will lead a life in poverty and go back to its agricultural roots and lifestyle or – if that is not compatible with a globalized economy and a world's population of over 900 million people – die out. As our generation (like all the others before and after) largely consists of egoists it will be difficult to agree on consuming less – not even a little less so that we can keep enough of one raw material until new technologies will be able to replace the need for this raw material by the need for another one.
The process of globalization is a complicating factor because it has a severe impact on both production and consumption patterns. Production is marked by increasing competition, in which prices are more important than quality and much more important than environmentally friendly technologies that do not waste our resources. Regardless of the current economic crisis, consumption has risen enormously because more and more countries share a basic standard of living that includes the use of a range of consumer goods such as fridges, TV-sets or even cars. Recently the first Indian car was manufactured for the home market – pretty much following Ford's idea to produce a vehicle that (almost) the whole nation can afford. Even if everybody pursued a cutting edge approach to preserve the environment, the sheer number of mass new consumers is enough to blow most of our resources in no time: we (and they) need to "make do with less" (ll. 17/18) as Cynthia Tucker puts it.
So far wars and pandemics have – sorry to say – "regulated" the exploitation of natural resources by "adjusting" the number of people. Similar effects will occur when natural resources come to an end. Starvation and war may rage like the black death in 17th century London. Just as the disease showed that there are limits to the growth of urban pollution, war and starvation will prove that Tucker is right when she says that there are limits to abundance. *(378 words)*

3.2 *Grundkompetenz: evaluation, re-creation of text*
Diese Aufgabe gibt Ihnen viel Freiraum bei der Ausgestaltung Ihrer Antwort. Als Textsorte wird nur ganz allgemein ein „Artikel" verlangt, wobei wir für eine Schülerzeitung eine etwas ausgefallenere, flippigere Lösung für angemessen halten. Wichtig ist es zu beachten, dass der Fokus der Aufgabenstellung auf dem „Besitzen" eines Autos liegt. Also Vorsicht, es geht nicht um ein früheres Alter für Fahranfänger oder darum, dass den Jugendlichen ein Auto geschenkt werden sollte. Folgende Aspekte könnten angesprochen werden:
- *personal demand (today's life requires flexibility, no easy access to facilities for young people)*
- *reproaches (if kids actually own a car people tell them that they should not)*
- *social dependence on oil (addiction to oil is a dangerous thing for the world)*
- *protection of nature (the environment will be destroyed even more quickly)*

Kids need Kars by Frank Miller

Imagine that not only the rich guys from the soaps drive to school by car but that every young person does. Indeed, there are many reasons for that: for instance, today's life requires flexibility, and loss of time is a no-no – especially for young people. In fact, for us owning a car is much more important to accomplish our everyday routine than it is for adults. For them, office buildings, expensive restaurants, bars and also theatres are easily accessible by public transport (needless to say that grown-ups still don't use bus or underground services). For us, things are much more difficult. Schools, cheaper restaurants or pubs and also discos are often far out in the suburbs and we do not know how to get there. In a nutshell: if there is anybody who needs a car, it's us …

Yet if we actually own a car people tell us that we should not. I know what I'm talking about because I bought an old Toyota recently – just as old as myself. "Young people should not have a car", my own grandpa said to me the other day. I did not tell him that he was the problem because he should not have a driving license any more – he is 91 – but I decided to answer all his complaints with considerate and wise questions (philosophy classes at high school must be good for something ;-). This may help you if you are considering buying your own car, too:

1. GRANDPA: Kids don't have the money to buy a car.
   KID: Why do you think I have a job? And: how could I buy the car in the first place if I had no money?
2. GRANDPA: Kids take too many risks when driving.
   KID: Shall we bet who will survive longer?
3. GRANDPA: If Kids drive their own cars the environment will be destroyed even more quickly.
   KID: Do you think that your generation should be the one which criticizes others?
4. GRANDPA: The addiction to oil is a dangerous thing for the world.
   KID: Wasn't it your generation which failed to invest in environmentally friendly technologies?
5. GRANDPA: Once kids have their own cars they want even more.
   KID: Don't you think that wanting more is necessary to be successful in life?
6. GRANDPA: Do you actually need to go to so many different places?
   KID: Don't grown-ups usually complain that teenagers sit in front of their computers for too long?
7. GRANDPA: Have you ever thought about what the world will be like for your children if kids pollute the environment by driving their own cars?
   KID: Don't you consider it possible that a car may help me to find a girlfriend in the first place?

Here my grandpa looked at me, smiled and said to me the most remarkable thing ever: "OK Frank, you are right – kids need kars!" And he even gave me an extra 50 bucks for the next stop at BP. *(502 words)*

Abiturprüfung NRW – Englisch Grundkurs 2010
Aufgabe 1

Aufgabentyp: *Literarischer Text (Romanauszug); Textaufgabe mit analytisch-interpretierendem Schwerpunkt; alternativ mit anwendungs-/produktionsorientiertem Schwerpunkt*
Unterrichtsinhalte: *Post-colonialism and migration; the role of the New English Literatures: Indian and Pakistani communities in Britain*

***(Un)arranged Marriage* by Bali Rai**
Manjit, the protagonist, is a 17-year-old boy. He was born and educated in Great Britain and is the youngest of three sons in a Punjabi family. Manjit's father successfully arranged the marriages of Manjit's two older brothers to Punjabi girls; now it is Manjit's turn to meet the family of his future wife.
For years Manjit has been confronted with his parents' plan to get him married to a girl from the Punjab at the age of 17. The whole family has massively bullied him into complying with the situation although for him it is perfectly clear that he will definitely not marry anybody whom he did not choose himself and not at such an early age either. After many discussions with his friends, especially his white girlfriend Lisa and her parents, he knows that he will have to face the situation and find a clever solution.

Two weeks before the actual day of the wedding, the girl's family came round on a Sunday afternoon. The girl didn't actually come with them. There were about fifteen of them, all crammed into our living room, drinking tea and eating samosas. All of them were looking at me, but not one actually spoke to me or asked me anything. I felt like some kind of prize bull surrounded by farmers eager to get their cows pregnant. They were all assuming that I was fine with the whole thing, and I let them think that way. To tell you the truth, I was past the point of caring by then. One half of me was scared and nervous, still questioning what I was doing, and the other was defiant. Man, I had the secret code. All I had to do now was type it in and the cheat would work its magic and take me on, up to the next level, past all the monsters in my way.

I just sat there, on my chair, staring down at the floor or up at the ceiling. At one point the girl's aunt made a crack about how I was shy and embarrassed which made all the women and some of the men laugh. I zoomed out of the room, out of the whole situation, until I was like a fly on the wall, looking down at what was going on, watching and studying my subjects. Anyone looking in would have seen a happy gathering of in-laws on a warm Sunday afternoon in November. Everyone was chatting, smiling, passing round food and cups of tea, and talking with excitement about the forthcoming wedding. But zoom in close and it was a different picture. My old man was sitting in a ruffled beige suit, his Sunday best, with his eyes all bloodshot and his hands shaking from a lack of booze. My supposed father-in-law looked pretty much the same as my old man, only his suit was black and he had a turban wrapped around his head. My brothers were sitting, slurping their tea and stuffing samosas into their gobs – water buffalo at feeding time. My mum was talking about how lucky we were to be such a well-off family, with such good sons. […] Me, the intended groom? I was being told in a low whisper by Jas to smile. Don't upset the apple cart. DON'T UPSET THE APPLE CAR …

Only the apples were rotten and I didn't want them anyway.

Later, after my 'in-laws' had gone, my old man came up to me as I was getting ready for my 'overtime'. He was carrying a wad of cash in his hands and smiling. I was in the kitchen, making myself a cheese and pickle sandwich, and, although I tried to ignore him, he came up and grabbed the back of my neck in his big, meaty hand. The smell of booze invaded my nose. So much for not drinking on Sundays I thought to myself. He must have had a couple of crafty shots when no-one had been watching.

'Good boy, ju are the good boy, Manjit,' he said in his broken, dodgy English before switching to Punjabi. 'Here, take this money and buy yourself a suit for the wedding. Get a shirt and tie too.'

'I've got all of those already,' I told him, not wanting to take his dough.

'No! You have to take it. You have done me proud, beteh.' *(582 words)*

From: Bali Rai, (Un)arranged Marriage, London: Corgi Books, 2001, pp. 237–239.

Annotations:
l. 3 *samosa:* hot spicy Indian food
l. 6 *I was fine with:* I agreed to
l. 23 *gobs (coll.):* mouths
l. 25 *Jas:* Manjit's sister-in-law
l. 25 *don't upset the apple cart (fig.):* to ruin plans or arrangements; to spoil something
l. 29 *overtime:* Manjit works extra hours at his job on Sunday evenings
l. 32 *So much for:* used to point out that sth. is no longer done or respected
l. 38 *dough: (here)* money
l. 39 *beteh:* term of endearment; (here) 'my son'

Aufgabenstellung Punkte

1. Describe the situation and the relationships presented in the extract. *(Comprehension)* 16

2. Analyse Manjit's reaction to the meeting and the way he describes it. Consider narrative perspective, use of language and the interaction between the characters. *(Analysis)* 24

3. Choose **one** of the following tasks:

3.1 Comment on the conflict presented here against the background of your work done in class and especially the film *East Is East*. *(Evaluation: comment)* 20

3.2 Later that evening. Manjit sees Lisa at her house. Her parents, who are liberal and open-minded intellectuals, are also present. They talk about Manjit's options. Write their conversation.
(Evaluation: re-creation of text) 20

Lösungsvorschläge

1. *Erläutern Sie in der Beschreibung der Situation die Grundkonstellation der Figuren und den zentralen Anlass des Treffens.*
   - *the text depicts the first meeting of a young man called Manjit and his family with his in-laws-to-be*

   Um die Situation weiter zu differenzieren, bietet es sich an, die Verhaltensweisen der beteiligten Charaktere kurz zusammenzutragen:
   - *they exchange friendly words and pretences*
   - *the visitors cast curious looks at the groom and evaluate him*

   Das Verhalten der Figuren spiegelt gleichzeitig ihre oberflächlichen, defizitären Beziehungen wider:
   - *the father and the mother are trying to make a good impression*
   - *the father expresses his pride and offers money*

   The excerpt from Bali Rai's novel *(Un)arranged Marriage* depicts the first meeting of a young man called Manjit and his family with his in-laws-to-be at the groom's home on a Sunday afternoon. The only person who is not willing to be happy about the wedding plans is the groom himself. The massive influx of about fifteen relatives of the bride, but not the bride herself, is set two weeks before the day of the arranged marriage. Both families exchange friendly words and pretences, and eat the food offered by Manjit's family. The visitors cast curious glances at the groom and evaluate him. The only two people who actually interact with Manjit are his aunt-in-law, who cracks a joke about the groom's shyness, and his sister-in-law, Jas, who whispers to him that he should smile. The protagonist's relationships to his own family stay just as superficial and restricted. His father is sitting around trying to put his best foot forward as he is wearing his best suit and is trying hard not to touch alcohol. Meanwhile his mother is putting some effort in advertising him and his brothers. Manjit tries to distance himself from the situation by trying to look at the scene from a remote perspective. After the meeting, Manjit's father expresses his pride about his son's giving in to the situation and offers him money for a decent suit and tie for the wedding celebrations. *(236 words)*

2. *Bei dieser Frage ist es empfehlenswert, der vorgegebenen Gliederung zu folgen, laut der sich Manjits widerstreitende Reaktionen auf die Situation aus Erzählform, Sprache und Handlung erschließen lassen. Zu Erzählperspektive und Stil müsste herausgestellt werden, dass sich Manjit hier selbstsicherer gibt, als er in der dargestellten Situation tatsächlich ist:*
   - *the first person narration emphazises Manjit's self-confidence to escape*
   - *he creates the impression that the whole situation can be resolved by analysing and playing it like a computer game*
   - *the weirdness, especially the superficiality and falseness of the encounter is stressed*

   Die bildhafte Sprache des Ich-Erzählers wird vor allem eingesetzt, um die Absurdität der Heiratspläne zu betonen und um einen besonders starken Gegensatz zum gebrochenen Englisch des Vaters aufzubauen:
   - *he emphasizes the ongoing gradual dehumanization by comparing his fate to the fate of a prize bull*
   - *spelling mistakes and grammatical flaws underline the cultural frictions the father has encountered*

   Bei der Herausarbeitung der Aktion/Interaktion geht es vor allem darum, deutlich zu machen, dass es Manjit nicht gelingt oder er es nicht wirklich beabsichtigt, seinen Widerspruch den anderen gegenüber deutlich (genug) zu machen:
   - *he fails to straighten out his father and correct his misperceptions*
   - *during the visit he uses the focus of his mind's eye to evade the situation*
   - *he does not answer Jas' whispering but forces himself to carry on*

Manjit's reaction to the situation is two-fold. As a first-person narrator he emphasizes his self-confidence that he will find an appropriate solution to get out of the dire straits he is in. The language is mainly used to stress the desperation and the weirdness of the situation. However, the protagonist's helplessness, which is mainly mirrored in the character's action and interaction, clashes strongly with his seemingly firm commitment to avoid the arranged marriage.

At the beginning, the narrator's factual style creates the impression that the whole situation can be resolved by merely analysing the number of visitors and the number of weeks which are left before the "actual […] wedding" (l. 1). The dangerously short period up to the ceremony is enhanced by the absence of the bride by the repetition in lines ("actual", "actually", ll. 1/2) – not even now can he "actually" see her. Manjit is aware of the superficiality of the meeting, which is shown by the combination of seemingly positive and negative statements in the first paragraph, for example when he – using the same operative word again – assesses that the in-laws are "looking at (him) but not one actually spoke to (him)" (l. 4). As a first-person narrator Manjit also reveals that his father is the first to ruin the good impression his family means to create – at least if he is looked at more closely. The facade entirely crumbles when he explains that his father's bloodshot eyes and trembling hands (ll. 19/20) are owing to a lack of alcohol.

The language the narrator uses is highly symbolic. On the one hand, he emphasizes the ongoing gradual dehumanization by comparing his fate to the fate of a "prize bull" (l. 5), which is stared at and used for insemination. The simile also shows that the future bride's fate is similarly unfortunate: She is not more than a cow which is used for breeding (ll. 5/6).
On the other hand, the narrator uses a more modern metaphor which expresses that a plan is set for his evasion – everything is planned out well, including the "secret code", he simply needs to type in (l. 9). Everything is as simple as in a computer game you know a cheat for. His attitude, his firm conviction that he has found (or will find) a way out of this desperate situation becomes tangible and at the same time old and new times are contrasted (old-fashioned tradition of arranged marriages vs. modern computer game). Another contrast is formed by the direct speech parts. Here Manjit's father speaks in broken English, the text includes spelling mistakes and grammatical flaws (l. 35), which underline that the elder generation of the family has not overcome the cultural, especially communicative frictions they have encountered. At the same time the father makes perfectly clear that he is proud of his son – a pride, of course, that is most likely rooted in a misperception of his son's intentions. Manjit's insinuations concerning this issue (l. 38) stay unheard and the author leaves it open if that is owing to a lack of determination and directness in his words and in his voice or to the father's language problems. No matter what, the false impression is not corrected.
Manjit's actions during the visit also show his weakness. Especially his reaction to being besieged by the visitors is escapist and almost entirely internal. The protagonist's only interaction with his surroundings consists of using the focus of his mind's eye to (at least optically) evade the situation (ll. 13/14). This is probably one of the faintest physical actions one can think of and this, of course, parallels the faintness of Manjit's chances of actually gaining another perspective and getting out of his position at that very moment. Another revealing plot element is Jas' whispering to him (l. 25). From her point of view, the groom is supposed to smile during the wedding preparations. As this seems to be difficult Manjit fails to reply and instead starts talking to himself in order to avoid a confrontation with the others and a destruction of the carefully arranged family order. The order he gives to himself is formulated in a both idiomatic and metaphorical way: "Don't upset the applecart" (l. 25). *(708 words)*

3.1 *Der geforderte Kommentar muss zumindest drei Aspekte berücksichtigen. Dies sind die persönliche Meinung des Verfassers zum Konflikt und seiner Lösung, das Vorwissen aus dem Cultural-Studies/Landeskunde-Teil der Abiturvorbereitung und der Vergleich zum Film* East is East. *Im Folgenden wird der Konflikt aus der kolonialen Vergangenheit und dem daraus folgenden Transkulturalismus hergeleitet und daher als unvermeidbar und tragisch dargestellt:*

- *the clash is rooted in the colonial past; thus, unavoidable and cruel*

Manjit scheint dem Verfasser des folgenden Beispielkommentars zu schwach und unreif, um im Konflikt bestehen zu können:

- *he is not strong (or mature) enough for civil disobedience*
- *other options are force, even violence and guilefulness*

Die British-Indischen Gesellschaftsgruppen in Großbritannien haben aufgrund der Generationsunterschiede noch keinen stabilen, zufriedenstellenden Zustand als kulturelle Gruppe erreicht:

- *for British Indians transcultural life is not yet fully compatible with traditions and the new environment*
- *people are still under (religious) group pressure*

Der Film East is East *zeichnet sich vor allem durch starke Parallelen aus.*

- *the son faces an arranged marriage and the corresponding meeting of the two families*
- *the father's traditionalist and religious views also inflict pain on other sons*

The conflict the innocent hero is caught in is a tragic one. It is rooted in the colonial past and it is consistently unavoidable and – despite all advantages – cruel in the fictional context of the novel and in British multiculturalism of today.

The protagonist only has one slight flaw and that is that he was born into a family which is stranded in the vast minefield between two cultures. Unfortunately, Manjit is more of a silent hero than a warrior. He seems peace-loving and likeable and we can doubt that he is strong enough for "civil disobedience Ghandi-style". At least the meeting would have been the perfect setting for this. Maybe he is simply not mature enough yet. The alternative options for Manjit in a way resemble the alternative options the Indian people had against the British in the past – with a twist, of course, because the protagonist wants to free himself from the narrow chains of Indian society and not from a colonial power. However, pretty much like the great Indian leader Mahatma Ghandi, Manjit could also choose between forceful, even violent, and non-violent resistance. Also, he could develop guileful and unfair patterns of behaviour as a new trait of his personality.

A conflict like this is typical of a multicultural society in transition. We can surmise that, at a later stage, transcultural processes will have led to fewer frictions. One day, the behaviour of groups like British-Indians will be fully compatible with their new surroundings if this new environment offers each generation a satisfying place in life. For the father in the excerpt, this is not yet true, because he is still caught in the old traditions – obviously alternative, western lifestyles are not tempting or at least not convincing enough in his case. Maybe his poor command of the English language does not equip him for that. Additionally, traditionalists are so numerous that group pressure is still enormous. This is also visible in the strong Indian communities within Britain, which often keep to themselves: businesswise in dry-cleaners, restaurants and bargain stores; in their private lives by arranged marriages. Corresponding Internet portals for Indian parents who would like to arrange a marriage for their children prove that the tradition has even grown modern and is not (yet) extinct.

A similar case is presented in the film *East is East* by Damien O'Donnell. The major parallels are that the meeting of two families is represented and that the family's eldest son (later also two younger ones) also faces a marriage which is

arranged against his will. He succeeds in avoiding it by spoiling all chances through his misbehaviour – and his father George breaks up with him. The decisive position of the father in *East is East* is owing to the strong male position in Indian families. His – fictitious but very realistic – traditionalist and religious views also inflict pain on his (British) wife because they cannot find a common moral ground. In this case the failure of communication – which is also insinuated in the given excerpt by Bali Rai – ends tragically as George feels deprived of his honour.
At the end of the film there is reconciliation. A reconciliation that, to my mind, does not suffice, especially because it is done in a somewhat colonial way. We can probably best pray to God (and to Rama and to Vishnu and to Shiva) that transcultural families find a more appropriate and careful way to walk through the minefield in the future. However, waiting for things to change without taking action, like Manjit does, is not a solution. *(595 words)*

3.2 *Entscheidend hier ist es, dass Sie sich beim Verfassen des Dialogs in die Situation und die Personen hineindenken. Das heißt konkret, dass Sie Handlungselemente oder Eindrücke aus dem Ausgangstext einfließen lassen, und dass die beteiligten Personen ihrer Prägung und Rolle gerecht werden sowie eine Absicht verfolgen. In unserem Beispieltext erzählt Manjit von seinen Gefühlen und überwindet seine Hilflosigkeit nur langsam. Er will vor allem Nähe. Lisa, seine Freundin wird als verliebt und entsprechend entschlossen dargestellt. Sie favorisiert eine wilde, kompromisslose Lösung. Lisas Vater fragt genau nach, hat sich über indische Kultur informiert und möchte konstruktive Vorschläge zu einer sanften, ehrlichen Lösung machen. Lisas Mutter ist in unserer Fassung herzensgut und besorgt und möchte vor allem, dass ihrer Tochter nichts passiert. Natürlich können Sie sich auch ganz andere Figuren und Absichten ausdenken.*

LISA'S MUM: Hi Manjit.
MANJIT: Hello, Mrs Baker.
LISA'S MUM: Lisa's upstairs.
LISA: No, Mum. I'm in the kitchen with Dad, Manny. Tea is ready for you …
MANJIT: Right there.
LISA: Oh shit, Manny. Have you been crying?
MANJIT: It didn't go to well. I couldn't say anything. Not a word. And if you say something, they don't get a word of it. They were all there.
LISA'S DAD: Who came up to your house?
MANJIT: The bride's family.
LISA'S DAD: Well. I sure know that.
MANJIT: Sorry. Fifteen people and they stared at me as if I was the one and only …
LISA: *(softly)* Prince Charming?
MANJIT: No. A prize bull rather.

LISA'S MUM: Holy cow … *(everybody laughs reluctantly)* … sorry that was a bad one. I know it's serious but if we keep laughing it's half the battle won.

LISA'S DAD: What did they say? I mean, arranged marriages have a long tradition, so there must be some kind of ceremony. I know it's important for the families and for the community. Don't they have some special proceedings?

MANJIT: Yeah, they get stuffed like a *** chicken. Pretty much like fat Walter in the chippy munching his burger menu.

LISA: Oh Manny …

LISA'S MUM: Now stop harping on Walter. What else can he do? No one in his family cooks decent meals. Come back to the point.

LISA: *(starts crying)* And nobody in Manjit's family knows what true love is. Why didn't you tell them, for god's sake?

LISA'S DAD: Would you please stop swearing to god in this house, young lady!?

LISA'S MUM: We know it's difficult for the two of you, and we all agree that everybody in this country must have the right to choose his partner on his own, but you cannot simply walk away.

LISA'S DAD: Indian marriages often also have economic grounds – you can't simply do what you want to do.

MANJIT: No you can't. It's a bit like in *Romeo and Juliet*. Only that they don't even know the Bakers yet.

LISA'S DAD: You can go to them and talk to them. I would even come with you.

LISA'S MUM: But Lisa won't.

LISA'S DAD: You wouldn't have to worry, love. They wouldn't kill her. They do not have shariah laws in their religion.

MANJIT: But I'll still lose my family. At least my dad and my mum. Then again Lisa and I do not want to marry now. We are both 17, you know. And not marrying and staying here unfortunately does not do the trick.

LISA: I'm upstairs packing my things.

MANJIT: Please don't. Cut that out. I have to talk to them anyway. Maybe …

LISA: What else?

MANJIT: Maybe I could pretend that I'm a bad person and the bride's family doesn't want me anymore … *(443 words)*

Abiturprüfung NRW – Englisch Grundkurs 2010
Aufgabe 2

Aufgabentyp: *Sach- und Gebrauchstext (Kommentar der internationalen Presse); Textaufgabe mit analytisch-interpretierendem Schwerpunkt; alternativ mit anwendungs-/produktionsorientiertem Schwerpunkt*
Unterrichtsinhalte: *Globalization – global challenges; economic and ecological issues*

Copenhagen climate change conference: 'Fourteen days to seal history's judgment on this generation'

This text calling for action from world leaders on climate change was published by 56 newspapers around the world in 20 languages on the occasion of the Copenhagen Conference on climate change.

The Guardian, 7 December 2009

Today 56 newspapers in 45 countries take the unprecedented step of speaking with one voice through a common editorial. We do so because humanity faces a profound emergency.

Unless we combine to take decisive action, climate change will ravage our planet, and with it our prosperity and security. The dangers have been becoming apparent for a generation. Now the facts have started to speak: 11 of the past 14 years have been the warmest on record, the Arctic ice-cap is melting and last year's inflamed oil and food prices provide a foretaste of future havoc. In scientific journals the question is no longer whether humans are to blame, but how little time we have got left to limit the damage. Yet so far the world's response has been feeble and half-hearted.

Climate change has been caused over centuries, has consequences that will endure for all time and our prospects of taming it will be determined in the next 14 days. We call on the representatives of the 192 countries gathered in Copenhagen not to hesitate, not to fall into dispute, not to blame each other but to seize opportunity from the greatest modern failure of politics. This should not be a fight between the rich world and the poor world, or between east and west. Climate change affects everyone, and must be solved by everyone.

The science is complex but the facts are clear. The world needs to take steps to limit temperature rises to 2 °C, an aim that will require global emissions to peak and begin falling within the next 5–10 years. A bigger rise of 3–4 °C – the smallest increase we can prudently expect to follow inaction – would parch continents, turning farmland into desert. Half of all species could become extinct, untold millions of people would be displaced, whole nations drowned by the sea. […]

The transformation will be costly, but many times less than the bill for bailing out global finance – and far less costly than the consequences of doing nothing.

Many of us, particularly in the developed world, will have to change our lifestyles. The era of flights that cost less than the taxi ride to the airport is drawing to a close. We will have to shop, eat and travel more intelligently. We will have to pay more for our energy, and use less of it.

But the shift to a low-carbon society holds out the prospect of more opportunity than sacrifice. Already some countries have recognized that embracing the transformation can bring growth, jobs and better quality lives. The flow of capital tells its own story: last year for the first time more was invested in renewable forms of energy than producing electricity from fossil fuels.

[…]

Overcoming climate change will take a triumph of optimism over pessimism, of vision over short-sightedness, of what Abraham Lincoln called "the better angels of our nature".

It is in that spirit that 56 newspapers from around the world have united behind this editorial. If we, with such different national and political perspectives, can agree on what must be done then surely our leaders can too.

The politicians in Copenhagen have the power to shape history's judgment on this generation: one that saw a challenge and rose to it, or one so stupid that we saw calamity coming but did nothing to avert it. We implore them to make the right choice.

From: Copenhagen climate change conference: 'Fourteen days to seal history's judgment on this generation', in: The Guardian, 07 December 2009 (Auszug), http://www.guardian.co.uk/commentisfree/2009/dec/06/copenhagen-editorial/print (09. 01. 2010).

Annotations:
l. 8 *inflamed: here* dramatically risen
l. 31 *low-carbon society:* a society that produces little carbon dioxide
l. 38 *Abraham Lincoln:* US-President (1861–1865) during the Civil War; best known for the abolition of slavery

Aufgabenstellung

Punkte

1. Summarize why the journalists consider a success of the Copenhagen Conference so important, the consequences they foresee should the conference fail and the measures they regard as necessary. *(Comprehension)* 16

2. Analyse the way the journalists try to convince the politicians of their point of view and urge them to act. Focus on the structure and content of the article as well as its use of language. *(Analysis)* 24

3. Choose **one** of the following tasks:

3.1 Discuss if our generations is "one that saw a challenge and rose to it, or one so stupid that we saw calamity coming but did nothing to avert it" (ll. 43/44). *(Evaluation: comment)* 20

3.2 Imagine you are one of the journalists who have written the editorial. With reference to this text, write a new editorial after the failure of the Copenhagen Conference to reach specific and binding agreements (except for a general goal of keeping global warming below 2 °C). *(Evaluation: re-creation of text)* 20

Lösungsvorschläge

1. *Hier wird von Ihnen verlangt, zentrale Aspekte zusammenzufassen: die Begründung für die Bedeutung eines erfolgreichen Verlaufs des Klimagipfels, die Konsequenzen seines Scheiterns und die notwendigen Maßnahmen.*
   Die Bedeutung eines erfolgreichen Gipfelverlaufs erschließt sich schon aus dem Titel und der später nochmals bekräftigten These, dass es hier um eine Einigung von extremer Tragweite handelt:
   - *it is the crucial challenge of today to counter climate change*

   Die Folgen werden lebhaft ausgemalt:
   - *the major consequence will be a significant global warming*
   - *that will result in e. g. loss of landmass and settlements, deteriorating chances for cultivation, desertification, displacement and even death of whole nations*

   Die notwendigen Maßnahmen, die angemahnt werden, sind:
   - *a united and determined effort by politicians*
   - *a swift and strict limiting of CO_2 emission*
   - *a higher taxation of energy consumption (resulting in a change of lifestyle)*

   The authors of the article, which was published as the editorial of 56 newspapers on December 7, 2009, emphasize that the Copenhagen Conference faces the key challenge of today. The authors would consider it the most important accomplishment of the current political class to set a strict limit to climate change. Logically the most severe failure of those in power would be not to counter the crucial catastrophe we face.
   In the latter case nature will strike back, the journalists state, because we have chosen the wrong path for centuries by burning our fossil fuels without paying attention to the Earth. If combustion continues the consequences will be a significant global warming of at least 3–4 degree Celsius. This will result in floods causing a loss of landmass and settlements, deteriorating chances for cultivation of crops and even desertification. Displacement of humans will be unavoidable and not even the death of whole nations can be ruled out.
   The measures which are necessary to avoid all these unpleasant repercussions on man are – to start with – a united and determined effort by all the parties present at the Copenhagen climate summit. Only this could lead to the acceptance of drastic decisions such as a swift and strict limiting of CO_2 emission. Of course, strict limits could only be pushed through on the national levels if painful taxes

were imposed on unwise and wasteful energy consumption. As a consequence lifestyles would have to change – for example, people in industrialized countries could not take it for granted any more to get cheap flights to a huge number of destinations.

(267 words)

2. *Da in dieser Aufgabe der Inhalt („content") als zentraler Aspekt genannt wird und dieser ja immer in direktem Zusammenhang mit Struktur und Sprache steht, wird eine kombinierte Bearbeitung aller drei Aspekte entlang der Argumentation des Artikels empfohlen. Dieses Vorgehen ist zudem günstig, weil der Text von seinem Aufbau her eine durchaus chronologische Abfolge zeigt.*
Anfangs wird betont, wie entscheidend die Klimakonferenz tatsächlich ist:
- *the increasing climatic danger urges politicians to act now*
- *the conference will seal the judgement of history on the people of today*

Daraufhin folgen die Hauptthese des Artikels und seine Herleitung aus der aktuellen Situation. Argumentativ unterstützend wirken statistische Angaben:
- *if we fail to take action nature will ravage our planet*
- *oil and food prices have exploded and annual means have risen significantly*
- *statistical information is given*

Als Konsequenz wird im Folgenden an die Mitglieder der Konferenz appelliert und auf mögliche Schwierigkeiten aufmerksam gemacht. Bemerkenswerte Stilmittel hier sind z. B. parallele Konstruktionen und Übertreibungen:
- *the article directly appeals to the politicians at Copenhagen*
- *the variety of imminent obstacles is emphasized*

Im nächsten Absatz wird erklärt, welche Wirkung der Klimawandel auf den Durchschnittsbürger haben wird, und angedeutet, wie die Politiker sich Pluspunkte zur Wiederwahl verdienen können:
- *voters will face cuts in travel convenience*

Zum Abschluss wird der Appell zunächst indirekt und dann direkt wiederholt:
- *the final part includes an indirect and a direct repetition of the appeal*

The chronological structure of the article carries the message of an ever-increasing climatic danger for the world which urges politicians to act now.
In the headline of the article the responsibility of the Copenhagen conference is emphasized by the personification of history: according to the authors it will be the conference's task to seal the judgement of time on the people of today – be it positive or negative. In the introduction, additional pressure is put on the politicians present at Copenhagen because the broad consent of journalists on the issue is presented, emphasizing the possibility of working together jointly to find a solution (ll. 1–3).
The second paragraph forms the beginning of the main part and presents the main thesis: "Unless we […] take decisive action, climate change will ravage our planet" (ll. 4/5). Furthermore, the consequences for the human race are stressed by the assertion that our "prosperity and security" (l. 5) will vanish with the ecological balance of the planet. This is followed by a clear evaluation of the diffi-

culties which we face already: for example "oil and food prices" are described as "inflamed" (ll. 7/8), which both hints at the strong impact of this development and includes a stylistic reference to the process of 'warming' itself. The exact figures concerning the most recent annual temperature means (ll. 6/7) can be considered a rather strong statistical indication and – because it is quite convincing – helps to conceal the fact that inflamed oil and food prices exist for other reasons as well (like the predominance of global food producers).
The description of the current (disastrous) effects of climatic change on the planet are directly followed by a direct appeal to the politicians at the Copenhagen Conference. The variety of imminent obstacles at the crossroads of history is emphasized by the parallel structure that enumerates various reasons for potential failure (l. 14). In the following a scenario of future havoc is created – this outlook is dramatized by comparatives and superlatives ("bigger", "smallest", l. 20) and a gross exaggeration when the authors surmise that "whole nations [will be] drowned by the sea" (l. 23).
The next part of the article deals with the implications of climatic changes on the average citizen – most threatening here seem to be the cuts in travel convenience (ll. 27/28). In regard to the writers' attempt to convince the politicians in Copenhagen this is important for one specific reason: the average citizen is, of course, also a voter. As soon as he has been brought into play the article states that the crisis can be a chance as well, a chance for the formation of a healthy economy but also a chance for each politician to be re-elected. The fact that the reader, and therefore the voter, is included in the line of argument makes the text more powerful – this technique is also visible in the use of the personal pronoun "we" in line 28 ("us", l. 26).
The final part includes a repetition of the indirect initial appeal: if it is possible that the journalists formulate a mutual editorial, a failure of the conference members would seem to be merely owing to a lack of willpower. This makes it convincing that any standstill is described as a great stupidity in the following sentence (l. 44). Eventually, the journalists have gathered enough argumentative power to again "implore (the politicians) to make the right choice" (ll. 44/45).

(572 words)

3.1 *Zunächst beschäftigt sich unser Beispielkommentar damit, dass die gestellte Frage die Wirklichkeit stark, weil provokativ, vereinfacht. Konkret ist die Unterscheidung in Schwarz (= ein Versagen der aktuellen Generation) und Weiß (= ein erfolgreiches Reagieren auf die aktuellen Probleme) nicht möglich, weil die Jugendlichen heute schlicht nicht in der Position sind, erfolgreiche Gegenmaßnahmen gegen den Klimawandel einzuleiten.*
- *we do not have the appropriate position to act*
- *if we had, it can still be doubted that more than a few activists actually would*

Im Folgenden wird im Hinblick auf die erste These erläutert, dass erst in einigen Jahren die notwendigen Schaltstellen der Macht von den Menschen besetzt sein werden, die heute zwischen 10 und 20 Jahre alt sind.

– *it will take some time until we will be represented in the corridors of power*
Im Hinblick auf die zweite These wird erklärt, dass Jugendliche ein bestimmtes Maß an Bequemlichkeit/Desinteresse aufweisen, aber keineswegs dafür verantwortlich gemacht werden wollen; der Grund ist in ihrer Lebenswelt zu suchen:
– *there is a certain degree of snugness and indifference*
– *snugness is owing to our growing up with computer games, Internet, etc.*
– *a certain lack of knowledge is owing to media manipulation/political failure*
Dem gegenüber, so hält die Beispieldiskussion im abschließenden Fazit fest, kann die moderne mediale Lebenswelt durchaus auch nützlich sein, genug Aktivisten für eine bessere Zukunft zu finden. Entsprechend kann angenommen werden, dass die heutige Jugend die Herausforderungen bewältigen wird:
– *when we do come to power there will be enough of us who act*

The provocative choice between considering ourselves a generation which faces the difficulties of life and succeeds in overcoming them or seeing ourselves as fools who fail to take action simplifies the situation in a somewhat unfortunate way. The key difference to Hamlet's classical choice between doing nothing and 'taking arms' is that we do not have the appropriate position to act. If we had, however, it can still be doubted that more than a few activists actually "saw [the] challenge and rose to it" (l. 43).
Our position is not yet powerful enough to decide on issues like climate change, nuclear weapons, genetic engineering, artificial intelligence etc. The only thing we can do now is to inform ourselves by the media at hand and maybe protest against tendencies we cannot accept. It will take a few years, even decades, until we will be represented in leading positions in economy and politics. And not before we actually walk the corridors of power can we take the steps described in the article. According to the given editorial from *The Guardian* and 56 other newspapers, however, that will come too late in regards to climate change. Obviously we will be drowned by then.
The attitudes that make it doubtful that our generation actually would do something if we had the necessary power are a certain degree of snugness and indifference. We cannot deny that, but the question here is if we can be blamed: we are lazy but we do not know better. We are used to it because we have never had the chance to experience anything else. Many of us are numbed by a high standard of comfort – that is more than the notion that we have a fair and self-evident claim to cheap flights to umpteen destinations around the globe. It is definitely more decisive that computer games, Internet, and other artificial worlds are our worlds. Worlds which are hardly affected by global warming, fatal military or terrorist threats, genetic disaster or the potential oppression by artificial intelligence (not that Windows has not started doing so …). Youth culture today is maybe a bit more passive than in earlier times but entertainment options are much better and, of course, we feel free using them. Probably we are just as addicted to modern life as the teenagers of the 60's were to weed and the young people in the 70's to disco.

Additionally our lack of knowledge is owing to media manipulation and political failure. Many of us do not even have the chance of seeing the "calamity" (l. 44) as the article puts it. For example the information policy of huge power suppliers and even of the national government is characterized by concealing rather than by revealing many important facts. Even in newscasts, too many people earn too much money that a proper light can be shed on this issue. The same is true for genetically modified food, which is not even labelled sufficiently. Needless to say, that it is also true for nuclear weapons or research programmes on roboting. We may say that young people would rather use Facebook than watch newscasts (even if they were to the point) but I am pretty sure that our lifestyle would help us find enough activists who could avert future crises. When we have the power there will be enough of us who act. The others can stay glued to their game consoles and computer screens. *(574 words)*

3.2 *Die Beispiellösung bezieht sich zunächst direkt auf die Politiker, die am Scheitern der Klimakonferenz beteiligt waren und drückt einen gewissen Ärger über ihr Versagen aus. Auf der Basis des Textes können als konkrete Vorwürfe das Wissen um die prekäre Situation und politischer sowie nationaler Egoismus entwickelt werden. Darüber hinaus können Sie z. B. auch internationale Vergleiche ziehen und darauf verweisen, dass sich Großbritannien und Europa trotz grundlegender Bereitschaft nicht zu konsequentem Handeln durchringen konnten:*

- *the people whom we elected strangled the world*
- *selfishness was the only common ground they could agree on*
- *the wasteful lifestyles of America, China/India/Russia etc. merged*

Die Lösungsmöglichkeiten, die jetzt noch offen sind, müssen aufgrund der Ausgangslage im regionalen, kommunalen, und persönlichen Bereich zu suchen sein. Konkret werden im Folgenden die Verantwortlichkeit der Bürgermeister und der Bürger selbst angesprochen. Zudem wird Deutschland als (relativ) positives Beispiel herangezogen. Abschließend wird indirekt erneut an die nationalen Politiker Großbritanniens appelliert, endlich ihrer Aufgabe als gewählte Vertreter gerecht zu werden – vor allem auch, um einer sicheren Niederlage bei der nächsten Parlamentswahl zu entgehen:

- *on the community level it is possible to restrict pollution by industrial plants*
- *the Germans use environmental friendly technology, they produce it and they even earn money with it*
- *British citizens are called to take action themselves*
- *politicians must save the planet now or lose on polling day*

After the failure of the climate conference of Copenhagen we can clearly state that those people whom we elected to take care of our countries and of ourselves messed the whole thing up. And they went the whole way down. They did not only mess up our country, they strangled the entire world. And they knew it. They knew better. They knew that any failure to act now courts disaster or worse. They were conscious that some countries will fall under sea level, others will dry out until nothing is left but cacti. Yet selfishness was the only common ground they could agree on: the tradition of a wasteful lifestyle in America elegantly merged with the newly acquired thriftlessness of China/India/Russia and the developing countries' faint hope of finally being able to join the club of the wasteful as well. General acceptance of scientific recognition and, consistently, Europe's promise to limit emissions to reach the plus-2-degree threshold simply fell by the wayside.

Is there anybody out there who can understand their inconsideration? Maybe our politicians are already planning to build some massive motorways through the new desserts and burn even more fossil fuels in 30 years. If that was true the 64,000 Dollar question, of course, would be: "Who will be able to use them?". We know that in all those countries human life will cease to exist for lack of food supply, unless we find another way of strictly limiting CO_2 emission in the next decade.

Measures must be taken soon. Even on the community level it is possible to restrict pollution by industrial plants – ask your mayor for help. Tell him Copenhagen failed and that it is his turn now. If Britain's mayors are wise enough to block as much fossil fuel combustion as possible our government may finally feel compelled to do their job, too. Maybe history will then, at least, record that Britain was the only industrialized country which did not torture the planet.

We are desperately longing for a "Yes we can" from the side of our politicians, because we can if they can. Take Germany for instance. Here people are well aware of environmentally friendly technology. They use it, they produce it and they even earn money with it. Maybe the German Green Party will slowly pass away and that is not because the Germans do not need ecological activists any longer but because all the traditional parties have adopted some of their – sometimes radical – views. Where are our parties? Where are the people who want to save Britain? Where are the parties we can vote for at the next elections?

Needless to say that a temperature rise of more than 2 degrees can only be avoided if we act now. In the wake of the conference's failure, we can conclude that up to the next general election the British citizens are called upon to take action themselves, even though the steps we can take are fairly small: take a walk to work, ride a bike to the pub and a bus to shop. Save fuel at your own house, too. That will maybe give us 0.01 degree less in the long run – too little to save the world forever, but one day there will be another polling day and there might be a chance to vote for a new generation of politicians: heroes who save the planet by taking the action necessary – that is, of course, unless the politicians of today change their minds, take action now and truly deserve the votes the British people gave them last time. *(599 words)*

Abiturprüfung NRW – Englisch Grundkurs 2011
Aufgabe 1

Aufgabentyp: *Literarischer Text (Romanauszug); Textaufgabe mit analytisch-interpretierendem Schwerpunkt; alternativ mit anwendungs-/produktionsorientiertem Schwerpunkt*
Unterrichtsinhalte: *globalization, global challenges – economic and ecological issues*

David Lodge: *Thinks …*
The novel is set at the University of Gloucester in 1997. Helen Reed, the narrator, has agreed to teach creative writing in the English department for one term. The social highlight of her first week on campus is the invitation to a dinner party hosted by Marianne and Jasper Richmond, the Head of English. The following guests are present: Annabelle Riverdale, a librarian; Professor Reginald Glover and his wife Laetitia, who is a music therapist, vegetarian and member of "Friends of the Earth"; Professor Ralph Messenger, Director of the Centre for Cognitive Science at Gloucester University, and his American wife Caroline.

Down at our end, chaired by Jasper, we were discussing the current craze for screen adaptations of classic novels […] when voices were suddenly raised at the other end. Laetitia Glover and Ralph Messenger were having an argument about environmentalism.

"The earth doesn't belong to us, we belong to the earth," she declared piously. "The Red Indians knew that."

"The Red Indians?" said Ralph Messenger. "You mean the guys who would stampede a whole herd of buffalo over a cliff to get themselves steak for dinner?"

"I'm quoting a speech made by Chief Seattle in the mid-nineteenth century, when the American Government wanted to buy his tribe's land," said Laetitia stiffly.

"I know that speech," said Ralph. "It was written by the script-writer of an American TV drama-documentary in 1971."

Annabelle Riverdale, who had been roused from her torpor by this exchange, gave a little splutter of a laugh, and then, in the ensuing silence, tried to pretend she hadn't.

"I don't know about any TV programme," said Laetitia, reddening. "I read it in a book. The script-writer probably did too."

"He invented the whole think," said Ralph, "and then people started quoting it in environmentalist tracts as if it were historical."

Laetitia glanced at her husband for support, but he kept his head down, perhaps unwilling to risk his academic reputation on such uncertain ground. Jasper gallantly came to Laetitia's rescue. "Even if it isn't historical, Ralph, the sentiment could still be true."

"On the contrary, it's quite false," said Ralph. "We don't belong to the earth. The earth belongs to us, because we're the cleverest animals on it."

"That's so arrogant, so Eurocentric," sighed Laetitia, closing her eyes to dissociate herself as completely as possible from this odious opinion.

"What do you mean, Eurocentric?" Ralph demanded, thrusting his head forward challengingly.

One by one the rest of us fell silent and stopped eating.

"It was European colonialists who regarded the earth as something to be bought and sold and exploited," said Laetitia. "Indigenous populations have a natural instinct to preserve their habitat and use its resources sparingly."

"On the contrary, only the limitations of their technology have prevented primitive peoples from destroying their environment on a scale that would appal us," said Ralph.

"I don't know how you can be so sure of that," she said.

"The Polynesians wiped out half the bird species on the Hawaiian islands long before Captain Cook ever got here," he said. "In New Zealand the Maoris butchered the entire population of giant moa birds and left most of the carcasses uneaten. To this day the Yuqui Indians in the Bolivian rainforest chop down trees to get at the fruit. Conservation is a concept of advanced civilizations."

"Messenger, stop showing off," said Caroline and we all laughed with relief.

"I'm only trying to set Laetitia straight," he said mildly.

"No, you're not, you're haranguing her."

"Yes," said Marianne, who was sitting at the head of the table, with Ralph to her right and Laetitia two places down to her left. "Leave Letty alone, Ralph, and help me carry out these dishes to the kitchen."

And he grinned and followed her out of the dining room with a stack of soiled plates, looking rather pleased with himself like a naughty but unrepentant boy, while Laetitia plaintively asserted that she could defend herself perfectly well.

(560 words)

From: David Lodge, Thinks ..., *London: Secker & Warburg, 2001, S. 25–27*

Annotations:

l. 9 *Chief Seattle (1786–1886):* chief of the Squamish Indians in what is Washington State today

l. 39 *Captain Cook (1728–1779):* British naval explorer, made three voyages attempting to find the Northwest Passage, killed in Hawaii during his third journey

l. 40 *giant moa bird:* extinct New Zealand bird, the largest species reaching up to four metres in height

l. 45 *haranguing:* giving a lecture to sb. in an angry tone

Aufgabenstellung Punkte

1. Outline Laetitia's and Ralph's argument about environmentalism. Refer to their respective views as well as the reactions of the other guests. *(Comprehension)* 16

2. Analyse the way the reader's reaction is guided in this extract. Focus on the interaction between Laetitia and Ralph, the point of view and the choice of words. *(Analysis)* 24

3. Choose **one** of the following tasks:

3.1 According to Ralph *"We don't belong to the earth. The earth belongs to us, because we're the cleverest animals on it"* (ll. 24/25). Against the background of work done in class and views expressed by the other characters, comment on Ralph's position. *(Evaluation: comment)* 20

3.2 On the day after the dinner party, Laetitia writes an e-mail to Helen Reed, in which she attempts to refute Ralph's position. She now includes a number of arguments she could not think of in their discussion. Write her e-mail. *(Evaluation: re-creation of text)* 20

Lösungsvorschläge

1. *Im Text geht es um ein Streitgespräch. Als erstes sollten Sie also den zentralen Meinungsunterschied zwischen den beiden Diskussionspartnern herausstellen:*
   - *Laetitia takes a critical view of our attitude towards nature whereas Ralph justifies it*

   In der Folge ist es sinnvoll, die beiden Ansichten jeweils genauer zu erklären. Entweder nacheinander (wie unten) oder vergleichend im Hinblick auf jeden Einzelaspekt. Laetita vertritt folgenden Standpunkt:
   - *she puts forward that humans are part of the earth*
   - *to her mind a Eurocentric attitude forms the basis for exploitation whereas indigenous peoples live in accordance with nature*

   Die Gegenposition (von Ralph Messenger) beinhaltet dagegen diese Aspekte:
   - *the superiority of human beings gives them the right to subject the rest of the planet*
   - *indigenous peoples are not better but just backward*

   Die Reaktion der anderen Gäste ist zunächst neutral und neugierig, dann vermittelnd und schließlich unterstützen sie Laetitia, weil diese ihrem Diskussionspartner nicht gewachsen scheint:
   - *the attention of the other guests is caught as they are surprised by the challenge (cf. l. 29)*
   - *they try to settle the conflict and take a stand for Laetitia, who is weaker*

In the controversial discussion about 'environmentalism' Laetitia Glover takes a critical view of the prevailing attitude towards the protection of nature which accounts for an exploitation of the planet. She refers both to the human race in general and to the European colonialists in particular. In contrast, Ralph Messenger defends the elevated position and exploitive behaviour of mankind.

At first, Laetitia puts forward that humans are part of the earth (cf. l. 5) and have no right to rule over it. She goes on to relate environmental disasters to a "Eurocentric" (l. 26) attitude based on the colonial idea of exploring and economically conquering the planet. She then contrasts it to primitive indigenous cultures, which allegedly have always lived in accordance with nature.

Ralph contradicts her thesis by inverting it and claiming that human beings have every right to subjugate the planet because of their superiority. He consequently reveals examples of the destruction of nature by indigenous peoples and claims that only a lack of technology has kept them from doing more harm.

The attention of the other guests at the dinner party is aroused and they try to appease the parties by taking a stand for Laetitia, who is obviously weaker and less convincing in her argumentation. They offer the chance of an easy solution (cf. l. 22), seem to be surprised by the challenge Ralph puts forward (cf. ll. 28/29), and set him straight in a somewhat humorous but clear way (cf. ll. 43, 45) before Laetitia can be entirely floored in the discussion. The situation is finally resolved by the host's appeal to Ralph that he should be helpful clearing the table.

(276 words)

2. *Beim Leser werden durch den Verlauf des Konflikts und durch die Erzählperspektive widersprüchliche Reaktionen erzeugt. Im Hinblick auf beide Untersuchungsaspekte spielt die Wortwahl eine entscheidende Rolle:*
   - *the rising conflict between the two antagonists draws an ambiguous picture of both characters*
   - *the point of view (first-person narrator) is used to evaluate the characters' positions and their traits*
   - *the choice of words contributes to portraying the characters and their interaction*

   Im Verlauf des Disputs wirken beide Charaktere auf eine Art sympathisch und auf eine andere Art eher unsympathisch. Diese Wirkung betrifft sowohl die anderen Gäste als auch den Leser:
   - *the reader's attention is caught all of a sudden, together with the other guests' attention*
   - *Laetitia puts forward a simple catch phrase in a slightly naive way*
   - *her insecurity is shown by her body language*
   - *Laetitia's imprecise usage of technical terms shows her helplessness*
   - *Ralph is more competent, as shown by his persuasive techniques (repetitions, selective information)*
   - *his apodictic style and the way he puts forward his challenge make him appear arrogant*
   - *the choice of words as well as the reaction of the dinner guests evaluate the two antagonists*

The reader's reaction is firstly guided by the rising conflict between the two antagonists, which draws an ambiguous picture of both characters. Secondly, the point of view is used to evaluate the characters' positions and their traits. The choice of words contributes to portraying the characters and their interaction in both the direct speech and the narrative parts.

At the beginning of the excerpt the conflict seems to have started already because raised voices are audible at one end of the dinner table. The volume already hints at the aggressive potential of the interaction between Ralph and Laetitia. For a start the other guests are given the same position as the non-involved reader: they have a certain distance to the dispute and their attention is caught all of a sudden. The impact of the interaction is symbolized by the setting which is at first split into two parts and then unites when focusing on Laetitia's and Ralph's conflict.

In the dialogue between Laetitia and Ralph the reader's perception of the female antagonist is guided by the fact that she starts off the dispute by putting forward a simple catch phrase in a pious and thus at least slightly naive way (cf. l. 5). When she persists in her view after Ralph's rejection, she stiffens (cf. l. 10), which hints at her insecurity but possibly also at some kind of arrogance. Ralph's competence is stressed by the historical facts and technical terms he brings into the interaction with his opponent (e.g. ll. 11/12) and as well by the geographical and cultural references he uses to support his ideas (cf. ll. 38–42). However, at the same time his absolutism and the vast, formally almost repetitive, presentation of a variety of examples show his arrogance, too. In fact, he is so convinced of his own verdict that he not only labels Laetitia's position as being 'false' but even as "quite false" (l. 24) and creates the impression that he is "showing-off" (indirect characterization in l. 43). His inversion of Laetitia's thesis (ll. 24/25) sums up his view in a nutshell but in contrast to the female character he is not mimicking simple catch phrases which have been used for years. His argumentation is more convincing as far as its inner logic goes whereas Laetitia is almost constantly imprecise in her choice of words. From a biological point of view, for example, the preservation of a habitat can by no means be described as an "instinct" (l. 32), probably not even as instinctive in a wider, non-scientific sense. Her helplessness is also shown in herself claiming that Ralph's views are "arrogant" (l. 26). Even though the reader might agree on that, Ralph's preciseness makes him appear as a neutral and competent "Messenger", just as his telling name suggests.

In Ralph Messenger's utterances, rhetorical devices like repetitions are used to show his strong opposition to Laetitia. He keeps on stressing that the "contrary" of what she says is actually true (ll. 24 and 34). Ralph's question about what is meant by "Eurocentric" (l. 28) contributes to the effect that the reader is practically forced to doubt Laetitia's position and accept his instead. Messenger's clever selective information – e. g. on the major accomplishment of the European adventurer James Cook and not on his brutality against indigenous tribes (cf. l. 39) – enhances his credibility and influences the reader, too.

The first-person narrator seems to be biased when depicting the ongoing struggle. Whereas Laetitia's insecurity and inferiority are emphasized by the words and phrases that are used to describe her reactions (e. g. "piously", l. 5, "stiffly", l. 10, "reddening", l. 16), no adjectives or adverbs are used to specify Ralph's way of speaking at the beginning of the excerpt (that is up to l. 28). For this reason his appearance seems to be factual and neutral: his competences are stressed before he actually proves them by his statements. Helen Reed's perception of the scene includes a lot of interpretations, too, especially when it comes to describing the outcome of the conflict. She informs the reader that Ralph is kept from continuing the discussion by the laughter of the group and that – because of his victory – he is not even insulted by being called a show-off (cf. l. 43). The narrator claims that the antagonist has the same feelings as a little "naughty but unrepentant boy" (l. 50) – a euphemistic description which makes him seem likeable and also shows that his challenge has been dealt with successfully.

Even if the reader is of the firm opinion that Laetitia's environmentalist approach is the better and only way of living on earth, his or her thoughts are being manipulated. The reader's reaction is directed towards at least accepting that there could also be some truth in Ralph Messenger's thoughts. *(802 words)*

3.1 *Achten Sie bei Ihrem Kommentar darauf, dass Sie genau auf das zitierte Statement eingehen und ggf. Ralphs Position im Allgemeinen einbeziehen, wie es die Aufgabenstellung nahelegt. Bringen Sie Ihre persönliche These zu Anfang des Kommentars zum Ausdruck. In unserem Beispiel wäre das folgende Behauptung:*
– the position presented is morally wrong and short-sighted – maybe fatal
Gehen Sie dann die Aspekte durch, die Ihre Auffassung stützen und geben Sie relevante Beispiele:
- *the wrongdoings of a specific group cannot be justified by the wrongdoings of another group*
- *advanced technology also requires an advanced responsibility*
- *the human race might die out if we do not live up to our growing responsibility*
- *examples of negative impacts are wastefulness, scientific megalomania and nuclear catastrophes*

The character's statement that "We don't belong to the earth", but instead "The earth belongs to us, because we are the cleverest animals on it" (ll. 24/25) and the position which he advocates in the discussion described in the excerpt is morally wrong and short-sighted – maybe fatal.
The justification of the wrongdoings of a specific group, i. e. the European colonists and their conquest of the planet, by comparing them to the wrongdoings of another contradicts a basic philosophical principle of democracy and maybe of life in general: there is no equality in injustice. That an indigenous tribe has slaughtered and caused the extinction of a giant bird (cf. ll. 39/40) – the only indigenous impact on Messenger's list from which the world has not fully recovered – does not give anybody else the right to do the same or worse.
The short-sightedness is rooted in the fact that advanced technology, of course, also requires an advanced responsibility. And this includes that we do not only do something because we CAN do it, no matter if it makes sense or not. The wasteful approach to energy that prevailed in the Germany of the 1970s and still in some way dominates life in the United States today is a classic example that we fail to look into the future. The American car industry still produces cars which on average use almost twice as much petrol as Japanese cars. What would have happened if no further energy resources had been discovered? The prospects we might take for granted because of our brightness and superiority may turn against us, because of our thoughtlessness, but also because of our megalomania. The latter human flaw is clearly visible in our attitudes towards genetic engineering and artificial intelligence.
Finally, mere superiority is not an argument for exploiting resources without thinking about it, because the human race might die out if we do not live up to our growing responsibility. In a word: being the cleverest animal can be fatal for mankind AND the planet. This we have sadly discovered by watching the news from Fukushima. Now we know: a nuclear technology we (the cleverest animal) have invented should not have been used just because our greed made us use it. It is a technology that does not forgive any mistake – and, despite all claims to superiority, human beings fail to be perfect. *(396 words)*

3.2 *Bei Ihrer E-Mail sollten Sie unbedingt die typische Form einhalten (Adressen, Begrüßungs- und Abschiedsfloskeln, Betreffzeile) und typische Sprachelemente verwenden (Smileys, Abkürzungen). Inhaltlich sollten Sie auf den Abend zuvor Bezug nehmen und zusätzliche Argumente einbeziehen. Denken Sie daran, dass Laetitia ein wenig dazu neigt, mit Phrasen um sich zu werfen:*
- *include references to the dinner party and the views expressed there*
- *come up with more arguments: "we have lost so many plants already", "we have (invented) aggressive (species) which destroy our natural ecosystems"*

From: Laetitia Glover <Laetitia.Glover@musical-healing.com>
To: helen.reed@gloc.edu.uk
Subject: Ralph

Hi Helen,

What a great night yesterday. Marianne definitely knows how to host a dinner party and I'm glad that you were there for the first time. Everybody at the uni enjoys it so much, especially the veggie soup and the smoked soy beans. Excellent – one day I will succeed in getting that recipe from her ;-) And it was cool when she told Ralph that he had destroyed £250 when he dropped one of her blue soup bowls right in front of the dinner table. The face he made – probably some kind of Giant Moa impression ... rofl.
I have thought about my discussion with him yesterday and I can truly say that he is as arrogant as he is wrong. How for example can it be that the earth belongs to us if the earth can do without us but we cannot do without the earth? Why can the cleverest animal not simply vanish into space and discover other places to live? Exploit them, maybe, just like those European settlers who colonized the Indians by killing them.
The wisdom and the recognition of the Indian tribes have been proven by scientists over and over again. For example biologists have given evidence that we have lost so many plants already by devastating our rainforests. Deforestation is carried out for no reason except the money which can be earned by timber and short-term cultivation. After that, this part of the planet is lost forever. The respect which the Native Americans have for animals and plants, and for their fellow human beings is something we have set aside for too long, for instance when designing new life forms in our laboratories. That's why we have aggressive plants which destroy our natural ecosystems, and that's also why we have HIV and other fatal diseases. The manipulated foodstuffs we consume, especially colorants, flavours but also meat as such will kill us one day.
Why couldn't I think of all these things when I was talking to Ralph? :-(Anyway, hope to have some more of those grand Richmond dinner parties before the planet is as dead as a Dodo ... Or maybe we could meet up at my place next time. See you tomorrow. Take care.

L

(383 words)

Abiturprüfung NRW – Englisch Grundkurs 2011
Aufgabe 2

Aufgabentyp: *Sach- und Gebrauchstext (Zeitungsartikel); Textaufgabe mit analytisch-interpretierendem Schwerpunkt; alternativ mit anwendungs-/produktionsorientiertem Schwerpunkt*
Unterrichtsinhalte: *Shakespeare – a literary 'giant' in the 21st century – The interest of young audiences in Shakespeare, passages from a Shakespeare play and from a contemporary film*

Shakespeare's in danger. We have to act now to avoid a great tragedy.

by Susan Bassnett

The other day I took my family to see one of my favourite Shakespeare plays. You'll love it, I told them. Nearly three hours later we tottered out into the night. Desperate to find something kind to say (there were friends involved), we praised one actor's Jim Carrey imitations and the flashing TV screens all over the postmodern set. And a costume made out of CDs that flashed like disco lights. And one character's use of a mobile phone. The rest was silence.

An American friend walked out of a Globe production recently, claiming that it was insulting her child's intelligence. That sums up the problem of so many contemporary productions; much of the Shakespeare we see now is unintelligent. The actors can't understand the words and compensate with silly antics. If the protagonist of the play I saw had lain down and kicked his legs in the air one more time I would have thrown a shoe at him. Directors, unable themselves, I suspect, to understand the text, resort to gimmicks, hiring designers to make the production more "relevant" or "meaningful". Nobody seems to have much idea how to pace a production. When in doubt, they insert a dance or a procession. Boredom and Shakespeare go increasingly hand in hand.

At some point during the interminable evening, I found myself thinking the unthinkable: why bother with Shakespeare today? Why not relegate him to the dusty shelves along with Chaucer and the dozens of other Great Unreads in the literary canon? Why are we still so obsessed with Shakespeare that we insist on boring teenagers out of their minds with plays in a language they find foreign? Isn't it time to rethink our relationship with the Bard?

Now, I am not advocating the silly, elitist idea that Shakespeare is so irrelevant to today that students should study the cultural significance of Hollyoaks instead. I believe there is such a thing as great literature, and it is important that every generation should have access to it. I've always been a believer in the importance of Shakespeare for everyone, because not only did he create some of the most wonderful characters ever to grace a stage, but his language is truly marvellous. Listening even to the mangling of that language the other night, I found the familiar words flooding back into my mind, in much the way that people of my generation have the King James Bible lurking somewhere behind the modern English versions. But my children don't have that language in their heads. All a bad production will do is deter them from going back to Shakespeare in the future.

The problem with Shakespeare today is linguistic. The language has become obsolete, Shakespeare's jokes are meaningless, his witticisms miss their target. It isn't the actors' fault: all they can do is struggle to make sense of a language that might as well be Tibetan. Directors compensate with devices that are supposed to facilitate understanding, and the whole enterprise falls apart, because the essence of Shakespeare is language. […]

What we need are good English translators to take Shakespeare in hand and liberate him for a new generation. […] What we need are two versions of Shakespeare's plays: the original written version for anyone with specialist knowledge of Renaissance English; and the performance version, in good modern English. Shakespeare would doubtless be grateful. What writers want to feel that audiences can't understand their jokes? Please, someone out there, commission a good English translation of Shakespeare and save the Bard from extinction.

(589 words)

The writer is Professor in the Centre for Translation and Comparative Cultural Studies at the University of Warwick

From: Susan Bassnett, "Shakespeare's in danger. We have to act now to avoid a great tragedy", In: The Independent, *14 November 2001 http://www.independent.co.uk/news/education/education-news/shakespeares-in-danger-we-have-to-act-now-to-avoid-a-great-tragedy-616966.html*

Annotations:

l. 3 f. *Jim Carrey:* Canadian-American actor, best known for his performances in comedies
l. 6 *The rest was silence:* Hamlet's last words in Shakespeare's tragedy *Hamlet*
l. 14 *pace a production: here:* provide a performance with dramatic rhythm and variety
l. 19 *Chaucer:* Geoffrey Chaucer (1340–1400); English writer, author of *The Canterbury Tales*
l. 22 *Bard:* a professional poet in medieval Britain, employed by a patron. Shakespeare is often referred to as "the Bard" (also cf. l. 46)
l. 24 *Hollyoaks:* a long-running TV soap opera of the late 1990s centring round teenage students at a fictitious college
l. 30 *King James Bible:* English translation of the Bible dating from Shakespeare's time

Aufgabenstellung

Punkte

1. Outline Bassnett's view that Shakespeare's in danger. Consider the reasons she gives for her judgement and the solutions she suggests. *(Comprehension)* 16

2. Analyse the way Susan Bassnett tries to convince her readers of her opinion. Consider structure, use of language and rhetorical devices. *(Analysis)* 24

3. Choose **one** of the following tasks:

3.1 In her article Susan Bassnett asks: *"Why are we still so obsessed with Shakespeare that we insist on boring teenagers out of their minds with plays in a language they find foreign?"* (ll. 20/21). With reference to your own experience with Shakespeare, comment on the author's view of Shakespeare's relevance today and her argument that his language needs to be modernized for a young audience. *(Evaluation: comment)* 20

3.2 One of Bassnett's students who firmly believes that Shakespeare should be read and performed in the original reads her article.
She goes to Bassnett's office to have a discussion with her.
Write the dialogue.
(Evaluation: re-creation of text) 20

Lösungsvorschläge

1. *In der Aufgabenstellung werden Ihnen die beiden zentralen Aspekte vorgegeben, die Sie umreißen sollen. Zunächst sollten Sie Bassnetts Gründe dafür wiedergeben, Shakespeare in Gefahr zu sehen:*
   - *she supports her view by personal theatrical experiences and anecdotes*
   - *for her, any relevance or even appreciation is based on understanding the plays in the first place*

   Die Lösung, die Bassnett vorschlägt, ist recht einfach und mündet in einen direkten Appell:
   - *to save the Bard we need to 'translate' his dramatic works into modern English*
   - *one or more talented translators are needed*

Susan Bassnett's assertion that Shakespeare is in danger is supported by personal theatrical experiences and anecdotes as well as by the fact that the Bard's language is hardly understood by young people today.
First, the journalist explains that she very recently saw a performance of her favourite play and continues by depicting her disappointment with the way the script was represented (cf. ll. 1–6). To her mind, the modern props which were used are not sufficient to come to terms with Elizabethan theatre. Her negative notion concerning modern dramatization is further strengthened by an anecdote in which an American child actually felt insulted by the dullness of a Globe production – that is at least what the child's mother claims (cf. ll. 7/8). In a word: on stage there is nothing left that faintly resembles a true and original Shakespeare performance (see also ll. 7–16).
Even though Bassnett clearly asserts that – in regards to the matters dealt with – Shakespeare and his plays could still be of high significance today, she puts forward that any relevance or even appreciation is based on understanding the plays in the first place (ll. 23–33). This is especially true for humorous or sophisticat-

ed speech parts. In her opinion, the precondition for comprehension is not given any more because the younger generation simply does not have the language background which is needed.
In order to solve this problem, modern written versions of the Bard's tragedies, comedies and histories are called for. If we want to save him from being forgotten we need to 'translate' his dramatic works into modern English (cf. l. 40). According to Bassnett this would most certainly find the dramatist's consent, but the venture would need one or more talented translators. However, the author of the given text is positive that they might exist somewhere out there. *(306 words)*

2. *Auch hier werden relevante Untersuchungsaspekte explizit in der Aufgabenstellung vorgegeben: Struktur, Sprachgebrauch und sprachliche Mittel. Es wäre daher auch hier gut möglich, streng in drei Teile zu gliedern, wobei es allerdings starke Überschneidungen zwischen Teil 2 und 3 geben würde. Schließlich ist die Verwendung sprachlicher Mittel zweifellos ein Teil des Sprachgebrauchs.*
Folgender Lösungsvorschlag geht daher zunächst auf den Aufbau des Textes ein und behandelt diejenigen sprachlichen Mittel, die diese Struktur tragen:
- *the article starts with a rather personal introduction that comprises personal experience (technical devices on stage are useless, modern representations are boring)*
- *in the second step the key question is asked: "Why bother with Shakespeare today?"*
- *in the third step Bassnett explains what she does not want to do and thereby weakens the corresponding counterarguments (ex-negativo approach)*
- *in the fourth step the journalist offers her solution by directly appealing to competent translators*

Danach werden weitere sprachliche Mittel in chronologischer Reihenfolge der vier Schritte untersucht, sodass alle vorgegebenen Aspekte abgedeckt sind:
- *references to Shakespeare himself are included*
- *the journalist's emotional involvement shows in the extensive use of personal pronoun "I"*
- *evaluating adjectives help to praise the Bard's dramatic works*
- *the journalist's inner conflict is shown by an oxymoron*

The persuasive power of the article is largely based on a clear 4-step argumentation, crafty use of language and rhetorical devices such as rhetorical questions or an oxymoron.
The article starts with a rather personal introduction that comprises two paragraphs. It seems as if Bassnett's cause was inevitably triggered by an incident that happened "the other day" (l. 1). Her mission, which has been presented in the slightly exaggerated headline already, seems to have come to her out of the blue. In the following, narrative elements are used to ridicule modern representations of Shakespeare plays. From the fact that technical devices or exotic dances cannot compensate for a lack of understanding on the part of the directors and

actors the journalist concludes that the performance of Shakespeare has come to an end (cf. l. 6). This is especially true, and that is added in the next paragraph (e. g. ll. 7–12), as far as its effect on very young audiences is concerned – that is because they get bored and might even feel insulted. The latter is insinuated by the exaggerated reaction of an American mother. In the second step, Bassnett puts forward the key question the article attempts to answer: "Why bother with Shakespeare today?" (l. 18). As the first passage has insinuated the answer to this already, we could go as far as to say that this sentence comes close to a rhetorical question. The generalized conclusion which is inherent in Bassnett's questions becomes obvious several times: it is "time to rethink our relationship with the Bard [...]" (ll. 21/22). The third part of the argumentation pursues an approach from the negative, because the journalist first explains what she does not want to do and thereby weakens the corresponding counterarguments. In a nutshell: there is no use in destroying Shakespearean artfulness by "mangling" (ll. 28/29) his words or by simply turning our students attention to something trivial instead ("Hollyoaks", l. 24). In the fourth and final step Bassnett offers her solution by directly appealing to competent translators to provide a modern English version of the canon.

Beyond the narrative elements and the rhetorical questions, the journalist employs references to Shakespeare himself, for example when she quotes from *Hamlet* in line 6 to show that there is nothing to modern performances but the useless deployment of technical means: "The rest is silence" (l. 6). Thus, it seems as if the Bard himself supports Bassnett's negative attitude towards modern stage versions. So by using this quote the author also adds irony and humour to her text.

Furthermore, the journalist's emotional involvement is shown by the frequent use of the personal pronouns "I" and "we". They appear more than ten times in the first four paragraphs and the anger the journalist feels about modern performances is shown by the fact that she is tempted to take 'violent' action (cf. ll. 11/12). At the same time the image of Bassnett throwing her shoe at the stage also has a humorous effect. That Bassnett also feels caught in an inner conflict (she needs to solve in the final part, of course) is mirrored by the oxymoron in lines 17/18: to think "the unthinkable" undoubtedly is a contradiction in terms. Of course, Professor Bassnett would not consent to forgetting Shakespeare forever, which is also shown by the evaluating adjectives the journalist uses to praise the Bard's dramatic works (e. g. ll. 1, 25, 27/28). The positive description forms a strong contrast to the negative impressions concerning the staged representation of the Bard's plays and the lack of understanding that prevails amongst younger audiences. That the treasure of Shakespearean theatre can only be grasped with the necessary background knowledge is symbolized by the King James Bible, which is "lurking somewhere behind the modern English versions" (l. 31) in the heads of the older generation. For them, Early Modern English – the language of Shakespeare's plays as well as the King James Bible – is somewhat hidden, but still understandable. In contrast, basic understanding has been lost for young people and Bassnett wants to give them a chance to get it back.

(685 words)

3.1 *Hier sollen Sie Ihren persönlichen Kommentar dazu abgeben, ob Shakespeare immer noch gelehrt bzw. aufgeführt werden sollte, weil er für junge Menschen immer noch relevant ist, und ob er ihnen z. B. durch eine Übersetzung besser zugänglich gemacht werden kann. Ihre Auffassung diesbezüglich kann entweder positiv sein oder negativ. Gegebenenfalls können Sie auch eine vermittelnde Position einnehmen, wie es der vorliegende Lösungsvorschlag aufzeigt.*
Zur Relevanz wird in unserer Beispiellösung Folgendes gesagt:
- *it is right to assess that Shakespeare texts are still relevant today*
- Romeo and Juliet *still shows how trust and loyalty could prevent us from grave mistakes and misfortune*
- Macbeth *could warn us of fatal self-esteem and the monster aspect of human nature*

Zu einer Vereinfachung von Shakespeares Texten wird im Anschluss dann Folgendes festgestellt:
- *younger people need some kind of simplification and a translation might be a solution*
- *loss of artistic quality cannot be avoided*
- *pleasure to have succeeded in understanding a Shakespeare play might decrease*
- *losses will be unbearable if there are no talented translators*
- *a wiki might do the trick*

Bassnett is undoubtedly right to assess that Shakespeare texts are still relevant today and that for some of the younger people a translation – if possible at all – might be a solution. However, some of the Bard's magic will inevitably be lost.
Romeo and Juliet still shows the same trials and tribulations of love which we all share, including Mrs Bassnett, her American friend's child, the director of any modern performance – no matter how stupid it may be – and most of my fellow students. It proves to our souls how trust and loyalty could prevent us from grave mistakes and misfortune. From the protagonists' sad fate we could maybe conclude how true devotion can lead us into happiness instead of death and tragedy.
Likewise, *Macbeth* could warn us of fatal self-esteem and the monster aspect of human nature, which is also advocated by both Hollywood and German television. If we think about it, we surely have to admit that the world today is still full of misleading promises and false counsellors. The three witches of today, maybe, are Dieter Bohlen, Heidi Klum and Sarah Connor. Their messages are alike: success is close (if we believe in ourselves, no matter what happens), at least, if we are willing to pay the full price.
Sarah Bassnett is right about the difficulties in decoding the deeper meaning of Shakespeare plays – younger people need some kind of simplification, either by appropriate teaching methods (by movies or by interactive approaches) or by a suitable translation into modern English. The latter is undoubtedly one of the bigger challenges of today, at least for those artists and literary scholars who share the sentiments outlined here.

Loss, however, is part of such a venture. The artistic use of words may be turned into a less complicated but also less intriguing description of life. Especially Shakespeare's play on words will most certainly fall by the wayside, but that is where they have frequently ended up for some years anyway. Of course, also the challenge itself is taken away from the reader or the theatregoer. The pleasure of succeeding in understanding a Shakespeare play might decrease just as the pleasure of having mastered the Feldberg (altitude = some 4,000 feet) is undoubtedly smaller than the pleasure of having mastered Mont Blanc (about 16,000 feet).

Unfortunately all these thoughts are potentially null and void if no translator follows Bassnett's appeal or is capable of actually taking an acceptable effort. He does not have to be Shakespeare himself, of course, but if he lacks talent, losses will be unbearable. The solution for this problem is obvious because young people may not have the "King James Bible lurking somewhere behind" but the Internet. If we really want to modernize the Bard and adapt his accomplishments to the needs of today's youth why should we not do it in a modern way? Give it a try with a wiki … *(485 words)*

3.2 *Bei der Gestaltung des Dialogs ist es vor allem wichtig, dass Sie die Standpunkte und Rollen der beiden beteiligten Personen betrachten und ihnen entsprechen. Es empfiehlt sich, zusätzliche Erklärungen im Sinne von Regieanweisungen einzubauen, weil diese die Darstellung leichter machen.*

Bei Professor Bassnett könnten Sie Folgendes einbeziehen:

- *her superior role as a professor ("office hours", "now we are talking", "Can't you remember what you have learnt […]?")*
- *the confirmation of her views presented in the article ("My article simply states that many lines cannot be decoded by young people", "people are turned off by some of the original lines", "95 % of our youth are bored to death by the original Shakespeare texts")*

Die Studentin (in unserem Fall Laura Willer genannt) sollte auf den Artikel Bezug nehmen und konsequent die Gegenposition zu ihrer Professorin vertreten:

- *she read the article in the* Times
- *she thinks a translation is inappropriate and impossible ("Shakespeare's lines are outrageous")*
- *she tries to prove her point of view by giving examples from Shakespeare plays (e. g. "Friends, Romans, Countrymen, lend me your ears" = famous first line of a speech given by Mark Antony in* Julius Caesar*)*
- *she tries to convince Professor Bassnett by her own knowledge about Shakespeare*

(University of Warwick, Room 320, a knocking is heard from outside)

PROFESSOR BASSNETT: *(to herself)* Knock, knock … *(aloud)* Whose there? *(first smiles but frowns as soon as the door is opened)*

LAURA WILLER: Good morning Mrs Bassnett. Great to meet you …

PROFESSOR BASSNETT: I'm not too sure, Ms Willer, to be perfectly honest. Why can't you come to my office hours?

LAURA WILLER: I'm sorry, but I have class with Mr Henderson on Tuesdays.

PROFESSOR BASSNETT: Well, OK, but I've got five minutes max … What can I do for you?

LAURA WILLER: I read your article in the *Times* yesterday.

PROFESSOR BASSNETT: The Shakespeare one?

LAURA WILLER: Yes, indeed, and you are definitely not right about translating the Bard's texts into Modern English. We should always read and perform his plays in the original language *(makes a pause).*

PROFESSOR BASSNETT: Entry of the youthful heroine *(fakes a smile).* Are you going to tell me why you think so or do I need to pay extra money for that?

LAURA WILLER: Yes, sure. I'm sorry, Prof. Bassnett … Of course, I've got SOME good reasons.

(Bassnett makes a bored gesture as if to say that her time will be wasted if Laura does not speed up)

LAURA WILLER: First of all, Shakespeare's lines are outrageous … and we simply cannot succeed in translating them …

PROFESSOR BASSNETT: Now we're talking. Give me an example, please.

LAURA WILLER: One quote I was thinking of is "Parting is such sweet sorrow".

PROFESSOR BASSNETT: I guess we and the translators would not have to change much in this one, would we?

LAURA WILLER: "Parting" is a bit outdated. According to your article we would have to change it.

PROFESSOR BASSNETT: But that is not what my article says.

LAURA WILLER: It says we should translate any outdated text part into a modernized version *(takes out yesterday's paper).* Third paragraph. Nobody uses "parting" nowadays. Maybe into "Leaving is a tough thing" or something like that would do the trick but that's not the same. It does not have the same connotations.

PROFESSOR BASSNETT: Your line is not a valid example. My comment wasn't about an active command of Shakespearean language. It's not important if young people use the word "parting". My article simply states that many lines cannot be decoded by young people but that is not true for this one. I suppose 9 out of 10 students would get the message when an actor says: "Parting is such sweet sorrow". And they wouldn't be bored either …

LAURA WILLER: What about "Friends, Romans, Countrymen, lend me your ears"? People would probably understand that, too, but they are turned off by such a seemingly weird wording.

PROFESSOR BASSNETT: Why could we not turn it into: "Friends, Romans, Countrymen, listen to me"?

LAURA WILLER: Because it's not the same. You change the meaning and the appeal to the characters on stage becomes much vaguer. And the effect on the reader is not the same either.

PROFESSOR BASSNETT: Sorry to say but there is a flaw in your argumentation. On the one hand, you admit that people are turned off by some of the original lines and then you insinuate that the same text parts can still have a positive effect on the reader or the audience? You are contradicting yourself.

LAURA WILLER: But Shakespeare's texts stimulate emotions within the audience even though they may not understand every single word.

PROFESSOR BASSNETT: It's probably more hatred than anything else.

LAURA WILLER: It can also be the challenge itself that is interesting for some people.

PROFESSOR BASSNETT: Do you mean high-brow audiences and extremely bright students? It might be different for people with your education in literature, but this does not change my basic statement: about 95 % of our youth are bored to death by the original Shakespeare texts. And none of them is willing to take the challenge you have mentioned. Anyway, I need to go now. Five minutes are over – even though I'm starting to enjoy our talk. Why don't you come to my Friday class and we'll discuss the issue there?

LAURA WILLER: Friday 10 a.m.? I'll be there, promise. See you then.

PROFESSOR BASSNETT: See you then Ms Willer. *(653 words)*

Abiturprüfung NRW – Englisch Grundkurs 2012
Aufgabe 1

Aufgabentyp: *Literarischer Text (Romanauszug); Textaufgabe mit analytisch-interpretierendem Schwerpunkt; alternativ mit anwendungs-/produktionsorientiertem Schwerpunkt*
Unterrichtsinhalte: *moral issues, American values*

Jodi Picoult: *My Sister's Keeper*
The novel is about thirteen-year-old Anna Fitzgerald. She was conceived as a test tube baby, because her parents wanted a donor for her older sister Kate. Kate has been suffering from leukemia since her early childhood. In the extract, Anna sees a lawyer, Mr Alexander. He has just asked his secretary Kerri for the number of an organization providing advice on family planning and contraception.

"My sister is dying, and my mother wants me to donate one of my kidneys to her," she says hotly. "Somehow I don't think a handful of free condoms is going to take care of that."

You know how every now and then, you have a moment where your whole life stretches out ahead of you like a forked road, and even as you choose one gritty path you've got your eyes on the other the whole time, certain that you're making a mistake? Kerri approaches, holding out a strip of paper with the number I've asked for, but I close the door without taking it and walk back to my desk. "No one can make you donate an organ if you don't want to."

"Oh, really?" She leans forward, counting off on her fingers. "The first time I gave something to my sister, it was cord blood, and I was a newborn. She has leukemia – APL – and my cells put her into remission. The next time she relapsed, I was five and I had lymphocytes drawn from me, three times over, because the doctors never seemed to get enough of them the first time around. When that stopped working, they took bone marrow for a transplant. When Kate got infections, I had to donate granulocytes. When she relapsed again, I had to donate peripheral blood stem cells."

This girl's medical vocabulary would put some of my paid experts to shame. I pull a legal pad out of a drawer. "Obviously, you've agreed to be a donor for your sister before."

She hesitates, then shakes her head. "Nobody ever asked."

"Did you tell your parents you don't want to donate a kidney?"

"They don't listen to me."

"They might, if you mentioned this."

She looks down, so that her hair covers her face. "They don't really pay attention to me, except when they need my blood or something. I wouldn't even be alive, if it wasn't for Kate being sick."

An heir and a spare: this was a custom that went back to my ancestors in England. It sounded callous – having a subsequent child just in case the first one happens to die – yet it had been eminently practical once. Being an afterthought might not sit well with this kid, but the truth is that children are conceived for less than admirable reasons every single day: to glue a bad marriage together; to keep the family name alive; to mold in a parent's own image. "They had me so that I could save Kate," the girl explains. "They went to special doctors and everything, and picked the embryo that would be a perfect genetic match."

There had been ethics courses in law school, but they were generally regarded as either a gut or an oxymoron, and I usually skipped them. Still, anyone who tuned in periodically to CNN would know about the controversies of stem cell research. Spare-parts babies, designer infants, the science of tomorrow to save the children of today.

I tap my pen on the desk, and Judge – my dog – sidles closer. "What happens if you don't give your sister a kidney?"

"She'll die."

"And you're okay with that?"

Anna's mouth sets in a thin line. "I'm here, aren't I?"

"Yes, you are. I'm just trying to figure out what made you want to put your foot down, after all this time."

She looks over at the bookshelf. "Because," she says simply, "it never stops."

(590 words)

From: Jodi Picoult, My Sister's Keeper, *New York: Atria Books, 2004, pp. 23–25*

Annotations:

l. 12 *APL abbr.:* a specific form of leukemia
l. 13 *lymphocytes,* l. 16 *granulocytes:* different types of white blood cells
l. 28 *an heir and a spare:* in royalty the crown goes to the oldest child as the heir to the throne, the spare is the next in line
l. 37 *gut: here:* a course that is easily passed
l. 38 *CNN abbr.:* Cable News Network, a US television company.

Aufgabenstellung Punkte

1. Point out Anna's reasons for consulting Mr Alexander and his reactions to her case. *(Comprehension)* 16

2. Analyse the way in which Anna's situation and her attitude are presented. Consider point of view, characterization and the development of the dialogue. *(Analysis)* 24

3. Choose **one** of the following tasks:

3.1 Discuss the decision made by Anna's parents to select an "embryo that would be a perfect genetic match" (l. 31) as a donor for their first child. Take into consideration your knowledge of genetic engineering. *(Evaluation: comment)* 20

3.2 Imagine Mr Alexander discussing Anna's case with her parents. Write a dialogue in which different views of Anna's decision are exchanged. *(Evaluation: re-creation of text)* 20

Lösungsvorschläge

1. *In dieser Aufgabe gilt es, die Gründe für das Verhalten der Hauptfigur Anna Fitzgerald darzustellen und die Reaktionen des Erzählers zu beschreiben. Annas Besuch bei ihrem Anwalt resultiert aus ihrem langjährigen Schicksal, als „Ersatzteillager" für ihre kranke Schwester Kate missbraucht zu werden. Ihr damit verbundenes medizinisches Fachwissen sowie die starke emotionale Enttäuschung sind wichtige Aspekte für ihre Entscheidung. Für Anna scheint es klar zu sein, dass ihre Eltern sie nur lieben, weil sie Kate am Leben hält:*
   - *Anna's attitude is based on hard facts, medical background knowledge and a strong emotional component*
   - *her decision to talk to a lawyer is owing to a never-ending list of extractions from her body, which she can specify exactly*
   - *Anna's affective involvement mainly results from the feeling of being abused by her parents*

   Der Rechtsanwalt missversteht die Situation zunächst und beginnt erst nach und nach, die Gründe des Mädchens nachzuvollziehen:
   - *after an initial evasion, Mr. Alexander starts pondering about Anna's fate*
   - *the narrator expresses the notion that the "heir and the spare" model is callous*
   - *he attempts to find out whether or not Anna is determined to let her sister die*

   Anna's denial of any further donations to her sister is the result of a complex thought process that is based on hard facts, medical background knowledge and a strong emotional component, and Mr. Alexander, her lawyer, only comes to terms with this slowly.

   At first sight, Anna's decision appears to be owing to a never-ending list of extractions from her body (ll. 12–14): cord blood, lymphocytes, bone marrow, granulocytes, peripheral blood stem cells and – now – a kidney (l. 1). She can truly say that she has served as a supplier of spare body parts for long enough. With her evident background knowledge about leukemia she knows quite well that her donations have been unavoidable and she also knows that additional donations will be called for in the future – she is, indeed, aware that the process will never end until either her sister or she herself is dead (l. 48). Anna's affective involvement mainly results from the feeling of being abused by her parents. She does not seem to be valuable to them because they have always paid more attention to their sick child (ll. 26/27).

   In the course of the given text, the lawyer slowly develops an understanding of Anna's situation. After an initial evasion – i.e. counselling his young client to contact a social organisation (ll. 2/3) – he starts pondering about Anna's fate, because he has the feeling that passing on the buck would be the wrong thing to do (ll. 6/7). Consequently, he makes a first stand by explaining that everybody has to be asked whether he or she actually wants to be a donor. As a general principle, the potential donor can express his free will as to whether an operation or any other type of extraction can be carried out on him (ll. 8/9). As a narrator,

Mr. Alexander compares Anna's situation to society as a whole. He expresses the notion that the "heir and the spare" model is callous (ll. 28/29), and thus at least a matter for debate, but also understands the rationale behind it. He does not have the impression that his rather weak concept of ethics makes him a suitable representative but at least he attempts to find out whether or not Anna is determined to let her sister die in order to take a decision on that. *(387 words)*

2. *Annas Situation und ihre Haltung werden von einem moralischen Dilemma gekennzeichnet. Dieses wird in dem gegebenen Ausschnitt anhand der genauen Beobachtungen des Erzählers, der vorgenommenen Charakterisierungen und der prägnanten Dialoge dargestellt:*
   - *the moral conflict that arises from this is shown by the insecurity of the first-person narrator*
   - *Mr. Alexander reveals his rather intimate notion that he is standing at a cross-roads and has almost decided to take the wrong path*
   - *he also discloses that the dilemma has turned Anna into a tense person*
   - *Anna's bodily reactions show her precision, her determination and her pain*
   - *the protagonist's thin mouth symbolizes hardness and willpower*
   - *she has an impressive knowledge of medical topics*
   - *the contrast between the two names forms a hierarchy*
   - *the quick exchange of controversial thoughts creates tension*
   - *Anna proves intelligent enough to take her own decisions*

Anna's position is between the frying pan and the fire: either she continues suffering from the pain her role in the family inflicts on her or she will be responsible for the death of her sister. The moral conflict that arises from this is shown by the insecurity of the first-person narrator, by the way he characterizes himself and his customer and by the short statements made in the dialogue.
The first-person point of view is characterized by careful observations that are reported to the reader. For example, Mr. Alexander reveals that the dilemma has turned Anna into a tense person struggling to handle her emotional involvement ("says hotly", l. 2). The narrator explicitly describes the bodily reactions that show her precision, her determination and her pain. She counts "off on her fingers" (l. 10) which extractions her body has exactly undergone already – thus, each of those occasions is given extra importance (ll. 10–17). Additionally, the "thin line" of Anna's mouth (l. 45) symbolizes a certain hardness and willpower that is necessary to bring a law suit against her own parents – the people that have brought her up, albeit predominantly for the sake of her sister Kate. The imminent conflict with her father and mother is obviously hard to bear, as Alexander's perception in the middle of the extract insinuates: "(Anna) looks down so that her hair covers her face" (l. 25).
Furthermore, the narrator gives insights into his own feelings and therefore characterizes himself in a very personal way. For instance, he tries to explain his pondering about Anna's situation by critically referring to his decision that Anna

should be given the phone number of an aid organization: he reveals his rather intimate notion that he is standing at a crossroads and has almost decided to take the wrong path (ll. 4–8).

Anna is further characterised by her impressive knowledge of medical topics and the corresponding technical terms (ll. 10–17) which would – as Mr. Alexander formulates it – "put some of (his) paid experts to shame" (l. 18). The impression that the situation is inverted by Anna obtaining the position of an adult forms a contrast to the names given to the two characters: Anna, called by her first name, starts off as the weaker or inferior person, whereas Mr. Alexander's name alone portrays him as an authority. The symbolic significance of the bookshelf in the final sentence (l. 48) supports the impression that the lawyer possesses the expertise that might help the protagonist to overcome her desperate situation.

The direct speech mirrors the conflict between the two people involved. The quick exchange of controversial ideas (e.g. ll. 19–24) creates tension and – at the same time – shows that Anna is capable of reacting appropriately to the lawyer's remarks even though she is a young girl. Obviously she is intelligent enough to take her own decisions. Her first, slightly sardonic statement (ll. 2/3) clearly proves that the lawyer has simply not grasped the despair that has resulted from Anna's situation: indeed, "a handful of free condoms" (ibid) will be no remedy at all. After the initial misunderstanding, the lawyer sets a positive signal that allows for a closer elaboration of Anna's emotional and medical situation. The conversation characterizes Anna as a person who is about to take a somewhat brutal decision that is based on certain knowledge (ll. 10–17). To her, the lawsuit is the only way to end the eternal process of supplying spare parts for her sister Kate and obviously she is right about that. *(592 words)*

3.1 *Ob die bewusste Entscheidung für ein genetisch passendes Wunschkind zu rechtfertigen ist, dürfen Sie gemäß Ihrer eigenen Auffassung beantworten. Wichtig ist es für die gestellte Aufgabe jedoch, dass Sie auch den Gegenargumenten Platz einräumen, sie benennen und ggf. entkräften. Die folgende Beispiellösung unterscheidet zwischen der allgemeinen Ebene der Gentechnik als solcher und dem speziellen Fall der fiktiven Familie Fitzgerald: Insbesondere im Hinblick auf Gruppen, die mit gesundheitlichen Risiken behaftet sind, mag die Gentechnik hilfreich sein, aber es stellt sich stets die Frage nach der Würde des Menschen.*

- *genetic engineering helps parents who have an increased risk of miscarriage or of passing on genetic diseases to their offspring*
- *technology poses the long-term danger of losing the individuality of man and producing designer babies instead*

Im Hinblick auf die Fitzgeralds werden in unserer Beispielantwort das Verständnis für die Situation der Eltern und das Verständnis für Anna gegenübergestellt. Abschließend spricht sich der Text für eine Wahrung von Annas Interessen aus:

- *the parents' despair is certainly understandable*
- *they have probably never thought about questioning their plan or even asking for Anna's consent*

– *Anna faces dehumanization and her compliance cannot be taken for granted*
– *the impact of the medical measures will increase and Anna should be able to take her own decisions*

On a general level, the "choice of an embryo" is an opportunity that genetic diagnosis and test-tube fertilisation give to parents who have an increased risk of miscarriage or of passing on genetic diseases to their offspring, and anybody who has ever had a closer look at a family with a handicapped child knows how much suffering can be avoided in this way. On the personal level of the fictitious Fitzgerald family we need to assess that losing a child is probably the worst thing that can happen to parents. In consequence, their despair is certainly understandable and their decision to take advantage of a new technology cannot be criticized: in fact, their beloved daughter Kate's life would be lost without a "perfect genetic match". Our understanding must even go beyond this: as helping other people is considered something positive and necessary in the world of the Fitzgeralds, they might not even have thought about questioning it and asking for Anna's consent. We can surmise that they would gladly have donated their own 'spare' parts if it had been possible without thought or hesitation … From a medical perspective, Anna's donations are certainly feasible and appropriate, and the minor risks remaining are – at least seemingly – a self-evident part of modern life.
Generally speaking, genetic manipulation also has many negative aspects. Even though the mere choice of an embryo whose genetic code has not been modified is a weaker form, the technology poses the long-term danger of losing human individuality and producing specific characteristics instead. If this becomes acceptable, the tendency might even go towards fully designed babies and towards a discrimination against non-perfect "specimens". In this case, reproductive medicine would be nothing but the end of truly "human" rights. In Anna's case the potential results are tangible because she already faces dehumanization. To her, the only meaning of her life is to save her sister's. Undoubtedly this is cruel and unbearable, even though Anna truly loves her family. Time is also a factor: she has grown old enough to take her own decisions. Her consent can no longer be taken for granted and, at the same time, the impact of the medical measures which have to be taken is getting stronger.
In conclusion, we can assess that choosing a perfect genetic match can already be seen as a borderline case. Even though the medical process as such is not morally wrong, the consequences for the chosen embryo are. This is even more so in this case, as the baby is no longer nameless: she is Anna Fitzgerald.

(427 words)

3.2 *Bei dem von Ihnen zu verfassenden Dialog ist es wichtig, dass Sie zunächst einen Rahmen schaffen, der angemessen ist. Darüber hinaus sollten Sie auf das Textexzerpt Bezug nehmen – verwenden Sie also dort genannte Fakten und beachten Sie den Sprachstil von Mr. Alexander ebenso wie seine Rolle als Anwalt:*

- *create frame ("Kerri")*
- *keep interaction rules ("It's a pleasure meeting you", "Goodbye").*
- *state arguments from text excerpt ("(Anna) was asked to donate a kidney"")*
- *consider Mr. Alexander's role as a lawyer ("From a legal point of view") and the parents' emotional involvement ("Our daughter Kate will die", "Wouldn't you do that […]?")*

(Kerri lets Anna's parents into the lawyer's office and leaves again)

MR. ALEXANDER. Thanks, Kerri … and could you get us some coffee, please? … Good afternoon, Mrs Fitzgerald, Mr. Fitzgerald. It's a pleasure meeting you.

MR. FITZGERALD. Hello.

MR. ALEXANDER. *(The lawyer shakes hands with both parents)* Why don't you take a seat and make yourselves comfortable?

MRS. FITZGERALD. How do you think we can feel comfortable?

MR. ALEXANDER. Well, I know well that you are in a difficult situation: a lawsuit against your own daughter – if it gets that far – is not what you would call a normal scenario.

MR. FITZGERALD. Anna has probably told you that our "scenario", as non-family may call it, has never really been a normal one.

MRS. FITZGERALD. Our daughter Kate is going to die, Mr. Alexander.

MR. FITZGERALD. At least, she will do if Anna refuses to save her life, which she is threatening to do.

MR. ALEXANDER. If I understand the matter correctly, she was asked to donate a kidney, which means that she would have to undergo surgery and face a double risk of kidney failure for the rest of her life.

MRS. FITZGERALD. Wouldn't you do that for your sister?

MR. ALEXANDER. From a legal point of view, all the other donors of organs, and – by the way – that also includes stem cells or bone marrow, have to consent to the donation. That is why people have to wait so long until they actually receive a "spare" (puts much emphasis on this word) body part. I hope you don't mind if I call it that.

MR. FITZGERALD. Every day, 23 people on waiting lists like that die in the US.

MRS. FITZGERALD. And our daughter is not just a number on a list.

MR. ALEXANDER. Sorry, which daughter do you mean?

MR. FITZGERALD. She meant Kate, of course.

MR. ALEXANDER. … Of course, … of course she isn't but you also need to consider that your other daughter is more than an assembly of spare parts – no matter why you decided to give birth to her. You need to know that Anna feels sorry for Kate and for you, too, but you have to accept that she has felt abused all of her life.

MR. FITZGERALD. Nobody can say that we don't love her, too.

MR. ALEXANDER. Then let her go. According to federal law you will not have another choice anyway.

MRS. FITZGERALD. But isn't family the only thing that counts?

MR. FITZGERALD. … And Kate is part of our family, too …

MR. ALEXANDER. I suppose she is, but in order to keep her alive it might be necessary to give Anna the feeling that she is, too.

(Mr. Fitzgerald starts crying and as if on cue Kerri comes in with three cups of coffee)

MRS. FITZGERALD. Sorry, Mr. Alexander, but I think we need to go.

MR. FITZGERALD. Goodbye.

MR. ALEXANDER. Goodbye.

MR. FITZGERALD. And thanks for the coffee. *(493 words)*

Abiturprüfung NRW – Englisch Grundkurs 2012
Aufgabe 2

Aufgabentyp: *Textformate der öffentlichen Rede (Politische Rede); Textaufgabe mit analytisch-interpretierendem Schwerpunkt; alternativ mit anwendungs-/produktions-orientiertem Schwerpunkt*
Unterrichtsinhalte: *American traditions and visions, utopia and dystopia*

Remarks made by New York City's Mayor Michael Bloomberg about a mosque being built in Southern Manhattan

by Michael Bloomberg

After the decision of the Lower Manhattan Community Board in May 2010 to allow the building of a mosque two blocks away from the World Trade Center Site, Michael Bloomberg, the mayor of New York, defends this project. The following text is an extract from his speech in front of TV cameras on August 3, 2010. He was accompanied by several religious leaders of different faiths.

We have come here to Governors Island to stand where the earliest settlers first set foot in New Amsterdam; and where the seeds of religious tolerance were first planted. We've come here to see the inspiring symbol of liberty that, more than 250 years later, would greet millions of immigrants in the harbor, and we have come here to state as strongly as ever – this is the freest City in the world. That's what makes New York special and different and strong.

Our doors are open to everyone – everyone with a dream and a willingness to work hard and play by the rules. New York City was built by immigrants, and it is sustained by immigrants – by people from more than a hundred different countries speaking more than two hundred different languages and professing every faith. And whether your parents were born here, or you came yesterday, you are a New Yorker.

We may not always agree with every one of our neighbors. That's life and it's part of living in such a diverse and dense city. But we also recognize that part of being a New Yorker is living with your neighbors in mutual respect and tolerance. It was exactly that spirit of openness and acceptance that was attacked on 9/11.

On that day 3,000 people were killed because some murderous fanatics didn't want us to enjoy the freedom to profess our own faiths, to speak our own minds, to follow our own dreams and to live our own lives.

[…]

The World Trade Center Site will forever hold a special place in our City, in our hearts. But we would be untrue to the best part of ourselves – and who we are as New Yorkers and Americans – if we said 'no' to a mosque in Lower Manhattan.

Let us not forget that Muslims were among those murdered on 9/11 and that our Muslim neighbors grieved with us as New Yorkers and as Americans. We would betray our values – and play into our enemies' hands – if we were to treat Muslims differently than anyone else. In fact, to cave to popular sentiment would be to hand a victory to the terrorists – and we should not stand for that.

For that reason, I believe that this is an important test of the separation of church and state as we may see in our lifetime – as important a test – and it is critically important that we get it right.

On September 11, 2001 thousands of first responders heroically rushed to the scene and saved tens of thousands of lives. More than 400 of those first responders did not make it out alive. In rushing into those burning buildings, not one of them asked 'What God do you pray to?' 'What beliefs do you hold?'

The attack was an act of war – and our first responders defended not only our City but also our country and our Constitution. We do not honor their lives by denying the very Constitutional rights they died protecting. We honor their lives by defending those rights – and the freedoms that the terrorists attacked.

[…]

The local community board in Lower Manhattan voted overwhelmingly to support the proposal and if it moves forward, I expect the community center and mosque will add to the life and vitality of the neighborhood and the entire City.

Political controversies come and go, but our values and our traditions endure – and there is no neighborhood in this City that is off limits to God's love and mercy, as the religious leaders here with us today can attest. *(594 words)*

From: Michael Bloomberg, "Remarks made by Michael Bloomberg, the mayor of New York City, about a mosque being built in Southern Manhattan", *August 3, 2010*
http://wvvw.nyc.gov/portallsite/nycgov/menuitem.c0935b9a57bb4ef3daf2flc70lc789a0/index.jsp?pageID=mayor_press_release&catID=1194&doc_name=http%3A%2F%2Fwww.nyc.gov%2Fhtml%2Fom%2Fhtml%2F2010b%2Fpr337-10.html&cc=unused1978&rc=1194&ndi=1

Annotations:
l. 1 *Governors Island:* part of Manhattan facing the Statue of Liberty. It was the place of the first European settlement of Dutch immigrants in the 17th century
l. 2 *New Amsterdam:* former name of New York
l. 26 *to cave to: AE:* to give in
l. 32 *first responder:* firefighters who helped the victims of the attacks
l. 40 *community board:* a group of people who have power to make decisions in the community

Aufgabenstellung | Punkte

1. Point out the reasons why Bloomberg supports the building of a mosque close to *Ground Zero*. *(Comprehension)* 16

2. Analyse the way Bloomberg tries to win his audience to support the building of this mosque. Focus on his line of argumentation, use of rhetorical devices and communicative strategies. *(Analysis)* 24

3. Choose **one** of the following tasks:

3.1 Comment on Bloomberg's statement that "we would be untrue to the best part of ourselves – and who we are as New Yorkers and Americans – if we said 'no' to a mosque in Lower Manhattan" (ll. 21 f.). Refer to your knowledge of the American Dream and international peacekeeping. *(Evaluation: comment)* 20

3.2 Imagine you are a New York City firefighter and a member of one of the 9/11 rescue teams. You have listened to Bloomberg's speech and decide to reply to his views on the mosque project in a blog entry in the online edition of *The New York Times*. Focus on your personal experience of the terror attack, its impact on your life and your vision of a future world. *(Evaluation: re-creation of text)* 20

Lösungsvorschläge

1. *Die Gründe, die der New Yorker Bürgermeister für den Bau einer Moschee in Lower Manhattan anführt, sind vor allem in der Geschichte des Landes und in seinen (konstitutionellen) Grundsätzen verankert.*
   - *he refers to the days of the first settlers, who were longing for (religious) freedom and a happy life*
   - *he states that the city owes the preservation of freedom to the victims of 9/11*
   - *he mentions that the American Constitution calls for a separation of church and state*
   - *he explains that giving up democratic ideals also means giving way to terrorism*

   The New York Mayor's stand for building a mosque in Lower Manhattan is rooted in history, the Constitution, the memory of those who died on 9/11 and in the war on terrorism.
   The first point in history that he refers to are the days of the first settlers in New Amsterdam, who, above all, were longing for (religious) freedom and a happy life (ll. 1–3). As this has been maintained over the centuries by ever new waves of immigrants – that is, by those who became New Yorkers simply by arriving (l. 11) – and by those who were born in the city, even today there seems to be a responsibility to hold onto the old dream and the hopes of the forefathers.
   The same is basically true for the firefighters, the first aiders and everyone else who immediately responded to the attack on the WTC a decade ago (see ll. 31–38). From Bloomberg's perspective, the death toll among this group is owing to their solidarity and their willingness to risk their lives for a society that is worth living in: in other words, for a free America and for their city. He emphasises that their victimization should not have been in vain.
   Additionally, the American Constitution calls for a separation of church and state (ll. 28/29). Secular decisions should therefore not be taken by looking at religious preferences or interests (if the idea of ruling out other beliefs actually exists on the part of the Christian churches). Another rationale is the idea that giving up democratic ideas also paves the way to giving in to terrorism. To Bloomberg it is as simple as this: if there is nothing left to be protected, simply because the city of the free has vanished into thin air in the literal sense of the word, how can we protect it against the followers and successors of Bin Laden? In contrast, if the mosque is built, a new dimension of freedom may be opened up by a fresh and vital community of New Yorkers (see ll. 41/42). *(341 words)*

2. *Obwohl die in der Aufgabenstellung angesprochenen Aspekte ineinandergreifen, sollten Sie versuchen, diese in der vorgegebenen Reihenfolge abzuarbeiten. Der erste Aspekt ist die klare, fast lineare Struktur:*
   - *Bloomberg uses a fairly linear and very emotional argument spanning the past to the present (first settlers, Statue of Liberty, 9/11)*

- *the speech is framed by reference to its occasion*

Der zweite Punkt, den Sie entwickeln müssen, ist die Verwendung stilistischer Mittel, wie z. B. Symbole, Aufzählungen, Hyperbel (= Übertreibung) und parallele Konstruktionen:

- *the symbol of the "seeds of [...] tolerance" (l. 2) shows that liberty needs active care to grow*
- *the enumeration in line 4 serves to prove the special character of the Big Apple and the following superlative (l. 5) stresses it again*
- *the parallel constructions in lines 17/18 emphasize that the New Yorkers' pursuit of their dreams and religious freedom are inseparable*

Die Kommunikationsstrategie beruht darauf, den Zuhörer in die Argumentation einzubeziehen und ihn zu einem Teil des Vorhabens zu machen:

- *the excessive use of personal pronouns includes the audience in Bloomberg's argument*
- *direct appeals ("Let us not forget", l. 23) enhance the impression that the audience is given an important role*

In order to convince the audience that building a mosque is the right step, Bloomberg uses a very emotional, fairly linear argument spanning the past to the present, which includes the advantages and disadvantages of living together. There are also various stylistic devices, such as symbols, enumerations and parallel constructions, to be found in the text. The speaker's communicative strategy is aiming to create a feeling of unity and it is marked by direct appeals and the excessive use of personal pronouns.

After referring to the occasion, Bloomberg uses a spatial coincidence to refer to the "earliest settlers" (l. 1), who arrived at the very spot 250 years before. Both the setting as such – completed by the reference to the Statue of Liberty (l. 3) – and the ideals of the (Dutch) immigrants speak for the general principle of religious tolerance, which is now challenged by the proposal to build a mosque. Against the backdrop of early American history and, of course, the American Dream, to deny the creation of religious building where Muslims could profess their faith would seem very inappropriate. Here, Bloomberg's emotional appeal to the audience becomes obvious.

Following this, Bloomberg deals with the time-span up to the present and he, of course, has to concede that there are conflicts that inevitably arise if different groups of people live closely together (ll. 12/13). This steals the thunder from potential critics and makes room for a benevolent perspective – especially as three downtowners can be found in Bloomberg's operative sentence: "We MAY not ALWAYS agree with EVERY one of our neighbours" (ibid.). This concession leads to a description of the greatest conflict that has ever been inflicted on the city of New York: 9/11. While describing the incidents of that day, Bloomberg sets his focus on the grief about those who died in the twin towers and on their memory. In this context, however, special attention is paid to the heroic Muslim victims who gave their lives for America and for their fellow New Yorkers. The historical background then forms the basis for the final conclusion that building a mosque means "defending [...] the freedoms that the terrorists attacked" (l. 38).

The first symbol which the speaker uses in his speech is the "seeds of [...] tolerance" (l. 2) – the thought planted in the American soul by the old settlers certainly needs active care to grow. In Bloomberg's eyes much has been "grown" and achieved already, which is evident in his claims that New York is "special and different and strong" (l. 6) and, indeed, the "freest City in the world" (l. 5). Whereas the enumeration simply serves to prove the special character of the Big Apple, the superlative is so full of self-esteem that is seems somewhat debatable. Yet the image fits perfectly with the line of Bloomberg's attempt to prove the unique character of his city. The figures he presents, that "people from more than a hundred different countries" speak "more than two hundred different languages" (ll. 9/10), can either be seen as statistical proof or an exaggeration, if we take into consideration that many of those countries are represented by a negligible number of people. Still, to Bloomberg, there is a "New Yorker", a human being that, despite all the variety, personifies the ideals of freedom and tolerance (see l. 11 and l. 14) which he then explains and relates to religious freedom. The parallel constructions in lines 16 to 18 emphasize that the New Yorkers' pursuit of their dreams (undoubtedly also part of the American Dream as such) and the profession of their individual faiths are so closely linked as to be inseparable.

The excessive use of personal pronouns, with which Bloomberg includes the audience in his argument becomes most tangible in the fifth paragraph, in which he uses "we" and "our" no less than five times (ll. 20–22). The following direct appeal ("Let us not forget", l. 23) enhances the impression that the audience is given an important role in the struggle for freedom and tolerance. The speech creates a feeling of responsibility in the listeners and he also makes the religious leaders an integral part of the matter: after giving a rather positive outlook on the future, Bloomberg comes full circle by referring to them in the final sentence of the excerpt. Who, if not them, can witness the importance of not setting human limits to "God's love and mercy" (l. 44)? *(739 words)*

3.1 *Da Sie hier eine vorgegebene These aus dem Ausgangstext diskutieren sollen, ist es wichtig, auf diese Bezug zu nehmen, das Für und Wider mit Blick auf den American Dream und Internationale Friedensmissionen darzustellen und abschließend Ihre eigenen Schlussfolgerungen zu ziehen. Im folgenden Beispieltext wird davon ausgegangen, dass Bloomberg einerseits Recht hat, weil sich tatsächlich die Frage stellt, welche Freiheit noch gegen Terroristen verteidigt werden soll, wenn sie im Hinblick auf die religiöse Freiheit bereits verloren gegeben wird. Andererseits wird argumentiert, dass „Freiheit" im amerikanischen Kontext durchaus auch als etwas gesehen werden kann, das nie wirklich erreicht wurde:*

- *for the speaker the best part of the American soul can be summed up in the word 'liberty'*

- *including everybody in the American Dream is an integral component of the Constitution and a basis for peace and freedom*
- *international peacekeeping is in line with America's concept of the Manifest Destiny, but America has long lost its innocence*
- *the fate of several ethnic groups, handicapped people, homosexuals and women shows that freedom has never been fully gained and that the American Dream is problematic*

In Michael Bloomberg's opinion, the best part of the American, or to be more precise, the New York people's soul is a direct result of the country's history, and its image of itself. To him it can be summed up in just one word: liberty.

In theory, this ideal is, of course, also the integral component of the Constitutional right to "Life, Liberty, and the Pursuit of Happiness" but above all it can be defined as the main precondition for living together in peace and democracy. The American Dream can only exist and prevail if everybody in the US is given the right to share it – and maybe, from the perspective of some American politicians, it can even only exist if it is extended to the whole world. To them, this world requires international peacekeeping and a super-nation that, in line with its concept of the Manifest Destiny, carries the majority of the weight. Theoretically speaking, the US have always tried to be in a leading position, be it when it came to defeating the Nazi government of the Third Reich and liberating the German people or in the days of the Cold War, when they countered the Communist – and potentially dangerous – Soviet Republic, which had a rather Stalinist understanding of freedom, i. e. none.

In practice, however we have to admit that America has not lived up to its ideals either. During the majority of the country's history, various groups were excluded from the dream and its advantages. Even though the country has struggled for so long to free itself of the oppression that slavery brought about, life expectancy for black people is still almost three years lower than for white people. In the light of this, Barack Obama's presidency is a mere facade, a pretence that helps to uphold the claim that, yes, the American people can. Similar observations can also be made with regard to other (minority) groups. Other ethnic groups, handicapped people, homosexuals and even women are still not as free as the average male, white citizen. The way America has dealt with international conflicts – especially during the Bush administration but also under Obama – also sheds a critical light on the American understanding of freedom. Whereas the oppression of Northern African states by mentally unstable leaders and their brute military forces was frequently tolerated, countries that were rich in natural resources – crude oil to be more precise – were frequently identified as a threat and 'liberated'. The classic example here, of course, is the war on Iraq. How relevant, we may ask ourselves and the international community, can a small sign of goodwill (such as the building of a mosque close to Ground Zero) be against the background of such tendencies?

However, the main question that arises from the flaws in the practical realisation of freedom in an American context and in the world is the following: How can "the best part of ourselves" be tainted by such a (relatively minor) decision when the victimisation of innocent people inside and outside of America has already spoiled the innocence of the US and its people? *(516 words)*

3.2 *Ein Blogeintrag verlangt neben dem Bezug zum eigentlichen Thema üblicherweise auch Verweise auf andere Einträgen, sowie eine Angabe des Datums und des Urhebers. Im Text selbst ist eine persönliche Herangehensweise aus der Sicht des Feuerwehrmanns gefordert, wobei man aufgrund der starken persönlichen Betroffenheit ein eher klares und intensives Urteil erwarten kann.*

- *keep form (">>>> NY-Joe23 - March-3, 3:34 <<<<<")*
- *refer to blog entries ("Teddy and Wichita23")*
- *state personal view on the impact of 9/11 ("Life in America has changed")*
- *depict experience and explain personal affection ("I'm happy to say that I had the chance")*
- *draw clear conclusions ("We have come to mistrust other people", "Help them to build it")*

>>>> NY-Joe23 – March-3, 3:34 <<<<<
It is strange to read what Teddy and Wichita23 think about Michael Bloomberg's speech :--(. This is what I think:
Life in America has changed since 9/11. When we saw the first plane crashing into the first tower we thought it was an accident – one of the worst ever, needless to say. Then when the second plane crashed into the second tower we instantly knew it was a terrorist attack and a crime against humanity – and again: one of the worst ever.
Life in America has changed because so many innocent people were slaughtered that day. Those who were caught in the collapsing building, those who were so desperate that they jumped out of the 45th floor and those who went into the building to help the injured and the confused victims. But even if they survived: the debris and the dust that covered our streets for weeks were nothing compared to the debris and the dust that gathered in people's souls and their hearts. What else can be in your soul and your heart if those whom you love are taken from you in a scenario that the whole world will remember. Still, there is some I'm happy to say that I had the chance to carry two young children out of the second tower. They owe their lives to me and I owe my life to Patrick Mercer, who warned me early enough that the building might fall apart – nothing that we had ever considered possible before. Steel and glass and money seemed to be solid as a rock – strong enough to last forever. Now we know that neither steel, nor glass nor money are strong enough, but that maybe people are.
Life in America has changed since 9/11 because the illusion of being an invulnerable nation vanished that day and it gave way to a feeling of despair, then of sadness and finally of vengeance and hatred. We have come to mistrust other people only because they have a different faith – the faith that Bin Laden and his

Muslim followers misused, just as the Christian Church misused the firm belief of the crusaders a few centuries ago.
Most of all, life in America has changed since 9/11 because we have allowed vengeance and hatred to harden our souls instead of practicing forgiveness and maintaining our spirit as a free nation. A nation that allows everybody to live in peace and freedom: Bloomberg is right to state that professing any religious faith is part of both this peace and freedom. Otherwise there is nothing left that is worth being protected from terrorists, and that is what makes their mosque our church, too. Help them to build it … help them to contribute to the peaceful and vital community of New York people and thus help them to change America again for the better. *(476 words)*

Abiturprüfung NRW – Englisch Grundkurs 2013
Aufgabe 1

Aufgabentyp: *Literarischer Text (Dramenauszug); Textaufgabe mit wahlweise analytisch-interpretierendem Schwerpunkt oder anwendungs-/produktionsorientiertem Schwerpunkt*
Unterrichtsinhalte: *British and American traditions and visions – The American Dream then and now; Globalization – global challenges: Economic and ecological issues*

Eric Bogosian: *Just Business* (1994)
In this extract from Bogosian's play an employer talks to one of his senior employees whose call has just been put through.

What's on your mind … what can I do for you? … Yeah … Yeah, I know … Yeah, it's kind of sticky … Yeah *(stretching as he talks)* … Yeah, I can see what you're saying … Well, but, yeah, Jack … Jack, I think it's great that you're sticking up for the guy, I mean I really appreciate it, I really …

It's good to hear your point of view, Jack, you know I respect your opinion on things. … Yeah. … Yeah … but listen, Jack. … Jack, I like Barry too, OK, but I had to let him go because, look, he's just not … yeah, but he's not producing, Jack! He's not profitable. …

Jack, the guy's fifty-nine years old and he doesn't come in and do a day's work! We all gotta pull our weight around here. … Jack, the amount of money I'm paying him, I can hire three kids out of college who will hustle and break their little behinds right in two! Start 'em at 22K and watch 'em run!

Bushy tails and bright eyes are what I need, Jack, not the Geritol and shuffleboard set. What do I need the guy for? Yeah, I like the guy too. I've known him for twenty-three years. Our kids played ball together. …

Yeah, but he, uh, Jack, LISTEN. … NO, he doesn't give me any alternative! I didn't want to fire him. I offered him a job in shipping, but he turned me down! He said he couldn't take the pay cut! Well, now he's got a pretty big pay cut if you ask me!

I know, I know … it's tough, but what else can I do? I can't pay a guy sixty-five thou a year to sharpen pencils and goose his secretary! I know he's got a pension coming up. … Well, Jack. … WHAT DO YOU WANT ME TO DO, FOR CRYING OUT LOUD? I'M NOT IN THE FUCKING WELFARE BUSINESS! I'M IN A PROFIT BUSINESS HERE!

[…]

You like, you like that place you just bought up in the mountains? You like your swimming pool? You like that Mercedes station wagon your wife drives? You like having your kid in Exeter? Jack, listen, that stuff costs money and there's only one thing that makes money for you and that's this business.

Now, if you want to tell me that you want to trade your job for his job … because … BECAUSE THAT'S EXACTLY … THAT'S EXACTLY WHAT … THAT'S EXACTLY WHAT YOU'RE DOIN', JACK!

Jack, if we're not making money in this place I can't pay anybody, can I? Now, if you want to take a pay cut so I can keep Barry, be my guest … but that's the way the cookie crumbles and I'm sorry. I really am. You gotta look out for number one or there ain't gonna be no numbers at all, kid. …

Look, I got a call coming in in a few minutes so I better get off the phone. … I appreciate you sticking up for Barry, Jack, but in a funny way that makes me want to get rid of him even more, because now he's wasting *your* time as well! And I can't have people wasting time in this company … […].

Yeah … I know. I know. … No, I don't blame you. OK. Yeah. So … so … say "Hi" to Jeanette for me, all right? Yeah. OK. OK. Yeah. Yeah. … OK … OK. … Yeah. … Bye. … Bye, Jack. OK. … Yeah, you too! *(598 words)*

Annotations:

l. 12 *22 K: infml.* twenty-two thousand dollars
l. 13 *Bushy tails and bright eyes: here* reference to young and dynamic people
ll. 13 f. *Geritol and shuffleboard set: here* derogatory reference to old people
ll. 20 f. *sixty-five thou: infml.* sixty-five thousand
l. 21 *goose his secretary: infml.* touch or squeeze his secretary's bottom
ll. 22 f. *for crying out loud: infml.* used when you feel annoyed or impatient
l. 28 *Exeter: here* name of an expensive boarding school
l. 35 *look out for number one: infml.* look after yourself without caring for anybody else

Aufgabenstellung Punkte

1. Point out the main aspects of the phone call. Focus on the caller's aim, the arguments put forward by him and his employer as well as the outcome of this call. *(Comprehension)* 16

2. Analyse the way in which the phone call and the employer's reaction are presented. Refer to the employer's communicative strategies, his use of language and stylistic devices. *(Analysis)* 24

3. Choose **one** of the following tasks:

3.1 Using your knowledge of globalization and the American Dream comment on the employer's claim that "you gotta look out for number one or there ain't gonna be no numbers at all" (ll. 35/36).
(Evaluation: comment) 20

3.2 Later that day Jack and Barry talk about the phone call. They exchange their views on the employer's decision, his arguments, and the personal consequences for Barry. Write their dialogue.
(Evaluation: re-creation of text) 20

Lösungsvorschläge

1. *Zunächst sollen Sie den Grund für Jacks Telefonanruf nennen, der sich aus den Reaktionen seines Arbeitgebers ergibt. Der Angestellte will für seinen Freund Barry eintreten, dem gekündigt wurde:*
   - *wants to support his friend and former colleague Barry*

   Die Argumente, die im Folgenden ausgetauscht werden, lassen sich wie folgt gegenüberstellen:
   - *Pro: Barry had been with them for quite a while and had done a relatively good job; a humane, maybe even benevolent, solution would have been called for*
   - *Con: keeping Barry would have been an economic disadvantage; profitability comes first*

   Im Resultat ergibt die Unterredung nichts Greifbares:
   - *the boss' decision concerning Barry remains unchanged*

Jack talks to his employer because he wants to support his former colleague Barry, who has just been sacked. Apparently Jack's aim is to get his boss to reconsider his decision to get rid of his colleague. He speaks up for Barry because he seems to like him and (from what the employer says we can take that) he also thinks that Barry did a good, or at least reasonable, job for the company. He obviously brings up the argument that Barry had been with them for quite a while and that there should have been a somewhat more humane, maybe even benevolent, solution. All this is countered by the boss' negative and rather single-minded attitude towards Barry: from his perspective, making money is all that counts and his cost-benefit analysis has clearly shown that keeping Barry is an economic disadvantage. This is partly because of the employee's shortcomings and his age. The loss caused by employing him weighs more than the long time they and their families have known each other.
Eventually the boss starts getting angry with Jack, too, and finds excuses to elegantly end the conversation: his decision concerning Barry remains unchanged.

(195 words)

2. *Als Erstes verlangt die Aufgabenstellung, dass Sie die Form der Dramatisierung auf der Bühne erläutern. Dort sieht und hört das Publikum eine Seite eines Telefongespräches und reimt sich die fehlenden Teile der Kommunikation zusammen:*
   - *the audience witnesses one side of a phone call; they can infer what is said by the other party.*

   Da es schwierig ist, Kommunikationsstrategien vom Sprachgebrauch und diesen von den verwendeten Stilmitteln unabhängig zu betrachten, ist es ratsam, zunächst ein Gesamtergebnis zu formulieren:
   - *the employer uses communicative strategies that create a false image of openness and personal affection*
   - *to this end he also deploys stylistic devices such as polite phrases, repetitions, downtoners, commonplaces, metaphors, and rhetorical questions.*

   Im Folgenden geht die Beispiellösung dann chronologisch vor und bearbeitet die in der Aufgabenstellung genannten Aspekte jeweils sachgerecht im Zusammenhang. Zum Beispiel:
   - *he tries to convey his readiness to talk by using empty phrases and repetitions*
   - *the employer addresses Jack directly by frequently calling him by his name*
   - *the use of downtoners also contributes to the façade of him being open and friendly ("I respect your opinion", l. 5; "OK, but", l. 6)*
   - *this crumbles when he metaphorically reduces employees to animals and raises his voice*
   - *he passes the buck and issues a warning*
   - *finally he sticks to his decision and returns to small talk*

The theatre audience witnesses one side of a phone call but from what is presented on stage they can easily infer what is said by Jack, the other party, and that he wants to put in a good word for his friend and colleague Barry. The consequent conflict between the employer and the caller is already exposed by their small talk in the first paragraph. In the course of the conversation the employer reacts more and more negatively to what is said by Jack. By making the audience ponder about what is being said on the other end of the line the playwright creates tension and makes the audience speculate about the underlying motifs. At the same time he characterizes the employer and his attitude towards life and business: in order to defend his decision to fire Barry the employer uses communicative strategies that create a false image of openness and personal affection. To this end he also deploys stylistic devices such as polite phrases, repetitions, downtoners, commonplaces, metaphors and rhetorical questions.

That the employer is putting on an act is obvious by his clinging to conventions. First he tries to convey his readiness to talk by using empty phrases ("what can I do for you?", l. 1) and repetitions ("Yeah", ll. 1–3, ll. 6/7) but the stage action clearly displays a lack of interest on his part (cf. l. 2). That the audience knows more than the second character involved in the scene can be labelled as dramatic irony.

When the employer addresses Jack directly by frequently calling him by his name, the impression of a closer, even intimate contact between friends is created. The

use of downtoners, which are mostly concessions ("I respect your opinion", l. 5; "OK, but", l. 6) also contributes to this façade.
Following this, the entrepreneur's contempt for human beings becomes obvious for a few seconds when he dehumanizes his workers to means of production: metaphorically he reduces them to animals with "bushy tails and bright eyes" (l. 13) like squirrels that run around eagerly doing all the work and do not cost much. The rhetorical questions used in the same paragraph serve to insinuate that there was no other way to deal with the issue. Barry is the one to blame: "he doesn't give [the boss] any alternative" (l. 16). This way, the employer simply passes the buck.
The façade, however, also crumbles when the employer starts raising his voice (cf. ll. 22–24), uses derogatory expressions ("I can't pay a guy sixty-five thou a year to sharpen pencils and goose his secretary", ll. 20/21) and bad language (cf. l. 23) to give himself the air of a tough businessman who has to care about profitability. In this context he also draws attention to the impact a profitable business has on Jack himself: in a series of rhetorical questions he enumerates the status symbols that Jack has acquired as a result of his apparently well-paid job (cf. ll. 26–28). This can also be understood as a warning that is issued in an only seemingly well-meant way. This more or less puts an end to the conversation because after that the employer simply hides behind commonplaces because this is what people do in a polite conversation – in his own words: "that's the way the cookie crumbles" (ll. 34/35). The meek excuses that the boss finds to end the conversation prove that he has completely lost interest in the affair. He goes back to small talk level and tries to let the call end on a formally pleasant note by giving his best regards to Jack's wife Jeanette – yet another communicative phrase.

(611 words)

3.1 *Die These des Unternehmers, dass ein gewisses Maß an Egoismus zur Aufrechterhaltung des wirtschaftlichen Erfolgs und des Systems unabdingbar ist, lässt sich im Deutschen etwas vereinfacht umschreiben mit: „Jeder muss sich selbst der Nächste sein". Dazu sollten Sie zunächst Ablehnung oder (teilweise) Zustimmung äußern. Im folgenden Lösungsvorschlag wird die Idee als falsch verworfen:*

- *the employer's claim leads us astray*

Im Anschluss müssen Sie Argumente für Ihre Auffassung anführen, die Sie aus Ihrem Wissen über den American Dream und die Globalisierung ableiten können und sollen:

- *greed has evolved from the good and unquestionable ideals of the American Dream*
- *the hero of the past has vanished into thin air because there is too much pressure and competition*
- *high income of top executives and the concept of shareholder value have kickstarted the rat race*

To replace responsibility, humanity and solidarity by pure selfishness leads us nowhere in the long run. Advocating self-centred attitudes and behaviour can create the impression that corporations and individuals cope successfully with the challenges of the American Dream and globalization, but there are clear indicators that this is an illusion. The employer's claim leads us astray.

Our society was once based on certain values which have been put aside because of greed: a greed which has slowly evolved from the unquestionable ideals of the archetypical American Dreamer – the self-made man who formerly worked hard and aspired to honestly acquired wealth and happiness. He, in contrast to today, had a positive effect on those around him as well: success could be understood as the success of his family, the success of his fellow workers, the success of his company or even of society as a whole. This type of hero has vanished into thin air because these days an American Dreamer is under a great deal of pressure. It is not that easy anymore: growth has come to a halt; competition requires that we adapt to Darwinist principles, at least until we reconsider and introduce regulations, which Americans, for example, tend to reject for pseudo-historical reasons. The rat race began a long time ago. International means of production are available, multinational companies have taken over and the people are played against each other. A better, richer and happier life for the fortunate takes away the better, richer and happier life from people like Barry or from the cheap labour force in developing countries. Barrys lose their jobs, textile workers in third world countries like Bangladesh might lose their lives in the dire working conditions. Not even those who actually "look out for number one" (l. 35) are spared from potential suffering: their time might be over as soon as the next generation of youngsters with "bushy tails and bright eyes" (l. 13) is born.

From companies which are listed in the Dow Jones Index we know how dangerous playing with money really is and how much pressure is induced by the system. The high income of top executives and shareholder value have become the prime targets, whereas the average worker is increasingly victimized. Huge concerns pollute the environment and nobody seems to feel responsible because everybody can hide behind the widely accepted principle of profit maximization. And what is more: if they cannot maximize their revenues in Britain, the US or Germany, they can always go somewhere else: there are enough countries that do not keep them from earning money. That is what they claim before they fire the next bunch of Barrys. *(442 words)*

3.2 *Bei der Verfassung des Dialoges macht es Sinn, im Stil des Theaterstückes fortzufahren. Der Lösungsvorschlag wählt eine Bar als Handlungsort und nimmt auf die im Textauszug gemachten Aussagen Bezug. Da es sich um ein Gespräch unter Freunden handelt, ist der Ton etwas vertrauter und in Teilen umgangssprachlicher als der im gegebenen Text:*

- *Überlegen Sie sich ein passendes Setting ("they meet in a rather posh lounge")*
- *Berichten Sie über das Ergebnis des Telefongesprächs und nennen Sie Argumente ("Baxter does NOT want you back"; "We bought the station wagon")*
- *Halten Sie den Ton des Dialoges vertraut und beziehen Sie z. B. Verweise auf die Familien der Sprecher ein ("Say hi to Judy")*

(Jack is waiting for Barry in a rather posh lounge. He has already ordered a drink and is pushing it along the rim of the bar when he sees Barry entering from the right)

JACK: Hi Barry.

BARRY: Hi man, how's it going?

JACK: Not too bad, Barry. How are you?

BARRY: Just OK, I guess. Judy's freaking out because we might have to sell the house. The loan will be eating us up.

JACK: Geez, thought you'd paid it off already.

BARRY: Well, we had but we decided to put it in pledge when we bought the second car. Hope that f***ing Baxter at least pays me for January.

JACK: Shit man, I told you the Aston Martin wasn't that great an idea.

BARRY: But Judy wanted it so much, you know. You know what she's like.

JACK: Sure, I know. We bought the station wagon and Jeanette also wanted that little sports car that always breaks down. She's a damned curb-hitter you know. And the house. And then our son. School's expensive. I can imagine what it must be like to lose your job. It could happen to anybody. That's what Baxter says anyway.

BARRY: *(throws his arm into the air)* He knows that he shouldn't have fired me. We've known each other for so long. So you've talked to him, Jack. Right?

JACK: Yeah, but all he thinks about is business. And that he couldn't afford you anymore.

BARRY: What?

JACK: That you cost a lot of money and that you're too old-school to be the type that's up-and-coming …

BARRY: Who the hell does he think he is?

JACK: *(ignores him)* With all the competition around and the younger guys …

BARRY: That stupid f***er! Come on, Jack, you know it isn't fair. I was the one who got all that China business going. And found the computer people. And …

JACK: Sure thing. But he wants to have a future perspective for the business. I mean: everything he does is for the sake of the business. Well, actually he said it was for everybody's sake.

BARRY: Well it wasn't for mine. *(His mobile phone is ringing.)*

JACK: Judy?

BARRY: Yeah, sure, but I won't pick up now.

JACK: But you'll say hi to her from me when you talk to her, OK?

BARRY: I will …, promise. And I'll tell her that Baxter'll think about the whole thing and maybe reconsider.

JACK: Come on Barry, wise up. He did not say that.

BARRY: Jack, listen, thanks a lot for your help. But I have to look forward now and hope for the best.

JACK: Come on, face it. You cannot lie to Judy – it's no use doing that– it's over. Baxter does NOT want you back.

BARRY: I'm off, Jack. See you.

JACK: Barry, don't.

BARRY: Take care.

JACK: Yeah, you too.

(Jack bends forward onto the bar, lifts himself up again, knocks back his drink and then drops onto the bar again in frustration.) *(466 words)*

Abiturprüfung NRW – Englisch Grundkurs 2013
Aufgabe 2

Aufgabentyp: *Textformat der öffentlichen Rede (politische Rede); Textaufgabe mit wahlweise analytisch-interpretierendem Schwerpunkt und anwendungs-/produktions-orientiertem Schwerpunkt*
Unterrichtsinhalte: *British and American traditions and visions: British history; From Empire to Commonwealth, monarchy and modern democracy, the UK and Europe; Post-colonialism and migration – The role of the New English Literatures: Indian and Pakistani communities in Britain*

Prime Minister's address to Conservative party members on the government's immigration policy
The following extract is a transcript from an address delivered by the British Prime Minister David Cameron to influential members of the Conservative Party in April 2011.

A year ago, we were in the middle of a general election campaign. And there was one message I heard loud and clear on the doorstep: we want things to be different. People said they wanted a government that didn't just do what was good for the headline or good for their party but good for the long term and good for our country. That's what we're engaged in. […]

Now, immigration is a hugely emotive subject … and it's a debate too often in the past shaped by assertions rather than substantive arguments. We've all heard them. The assertion that mass immigration is an unalloyed good and that controlling it is economic madness … the view that Britain is a soft touch and immigrants are out to take whatever they can get. I believe the role of politicians is to cut through the extremes of this debate and approach the subject sensibly and reasonably. […]

Above all, I want to get the policy right: good immigration, not mass immigration. That's why I believe it's time for a new approach – one which opens up debate, not closes it down; where politicians don't just talk, but actually act.

Let's start with being open. The British people are fair-minded – and I want them to feel they can be honest about what they think about this subject. Here's what I think. Our country has benefitted immeasurably from immigration. Go into any hospital and you'll find people from Uganda, India and Pakistan who are caring for our sick and vulnerable. Go into schools and universities and you'll find teachers from all over the world, inspiring our young people. Go to almost any high street in the country and you'll find entrepreneurs from overseas who are not just adding to the local economy but playing a part in local life. Charities, financial services, fashion, food, music – all these sectors are what they are because of immigration. So yes, immigrants make a huge contribution to Britain. We recognise that – and we welcome it.

But I'm also clear about something else: for too long, immigration has been too high. Between 1997 and 2009, 2.2 million more people came to live in this country than left to live abroad. That's the largest influx of people Britain has ever had … and it has placed real pressures on communities up and down the country. Not just pressures on schools, housing and healthcare – though those have been serious … but social pressures too. Because real communities aren't just collections of public service users living in the same space.

Real communities are bound by common experiences … forged by friendship and conversation … knitted together by all the rituals of the neighbourhood, from the school run to the chat down the pub. And these bonds can take time. So real integration takes time.

That's why, when there have been significant numbers of new people arriving in neighbourhoods … perhaps not able to speak the same language as those living there … on occasions not really wanting or even willing to integrate … that has created a kind of discomfort and disjointedness in some neighbourhoods.

This has been the experience for many people in our country – and I believe it is untruthful and unfair not to speak about it and address it.

So, taking all this into account, I believe controlling immigration and bringing it down is of vital importance to the future of our country. *(574 words)*

From: Prime Minister's address to Conservative party members on the government's immigration policy, in: The Guardian, *14 April 2011*

Annotations:
l. 9 *soft touch: here* a person from whom you can easily obtain money
l. 34 *down the pub: informal* at the pub

Aufgabenstellung

		Punkte
1.	Point out David Cameron's views on immigration as expressed in this speech. *(Comprehension)*	16
2.	Examine the way in which Cameron tries to convince his listeners of his views on immigration. Focus on Cameron's line of argument, techniques of persuasion and use of language. *(Analysis)*	24
3.	Choose **one** of the following tasks:	
3.1	The slogan "good immigration, not mass immigration" (l. 12) caused a controversy. Discuss this slogan using your knowledge of immigration and ethnic communities in the UK. *(Evaluation: comment)*	20
3.2	You are a doctor from India who has been living and working in the UK for several years as pointed out in David Cameron's speech in lines 17–22. Write a letter to the Prime Minister in which you comment on the speech in the light of your experiences as an immigrant. *(Evaluation: re-creation of text)*	20

Lösungsvorschläge

1. *Bei dieser Aufgabe sollen Sie die Auffassung des Redners David Cameron zum Thema Immigration zusammenfassend darstellen. Cameron geht davon aus, dass es einen Bedarf und einen entsprechenden Wählerwunsch gibt, das Thema sinnvoll und unvoreingenommen zu betrachten:*
   - *he claims that there is an urge to reconsider British immigration policies*
   - *Britain needs a target-oriented argument*

   Im Folgenden formuliert er seine Hauptthese und begründet sie im Anschluss mit positiven und negativen Beispielen für Immigration in Großbritannien:
   - *to him immigration is not about admitting everybody but about admitting the right people*
   - *he mentions a variety of services run by immigrants*
   - *Cameron also admits that there are frictions within British communities*

   In his speech David Cameron claims that there is an urge to reconsider British immigration policies. He points out that Britain needs a target-oriented argument about new ways of dealing with the issue. This includes setting aside the extreme views and the polemic that have been uttered in the past. His ideal is to carefully select immigrants that serve the needs of the country – to him immigration is not about admitting everybody but about admitting the right people. That, according to the Prime Minister, can only be accomplished by looking at the good and the bad examples from the past. For instance, he mentions a variety of jobs (like doctors or teachers) in which immigrants contribute to the well-being of British society, and services in British neighbourhoods (i. e. charities, shops) which are run by people that originate from overseas. He stresses that immigrants have made their contribution to Britain's economic success and cultural variety.
   Cameron also admits that there are frictions between British communities and those who do not want to integrate fully but insist on maintaining their own culture. This leads to Cameron's idea that the number of immigrants should be limited and the focus should be set on what he calls "good" immigrants.

   (206 words)

2. *Sie sollen hier die Argumentationskraft der Rede des britischen Premierministers untersuchen. Bei Ihrer Analyse müssen Sie sich genau mit der Struktur (also der Reihung der Argumente und ihrer Binnengliederung) auseinandersetzen sowie Sprachgebrauch und Überzeugungstechniken beachten.*
   Die vorliegende Musterlösung stellt zuerst die Argumentationslinie dar:
   - *the speech consists of five distinct parts (introduction, thesis, positive and negative examples, outlook)*
   - *Cameron involves the listeners, uses simple language as well as stylistic devices such as symbols, contrasts, direct addresses, parallel constructions, figures and metaphors.*

Danach werden die einzelnen Stil- und Überzeugungsmittel in diesem Kontext erläutert:

- *the level of simplification peaks in the speaker's basic message as to what Britain needs*
- *he draws on the symbol of the "message […] on the doorstep" (l. 2)*
- *he formulates direct appeals and uses the personal pronouns "we" and "us" to include the audience*
- *parallel constructions help to support the idea that there are many positive impacts*
- *Cameron mentions selected statistics to show potential risks*
- *he metaphorically describes communities as closely "knitted together" (l. 33)*

Cameron tries to convince his audience by establishing a clear line of argument that consists of five distinct parts. The distinctness is combined with involving the listeners and it is enhanced by a simple language style as well as by stylistic devices such as symbols, contrasts, direct addresses, parallel constructions, figures and metaphors.

The speech begins with an introduction that depicts the political background (cf. ll. 1–5) and the role which politicians should play in the process of reorganizing immigration (i. e. "cut through the extremes of this debate", ll. 10/11). Subsequently, Cameron formulates his basic thesis as to what Britain should target: "good immigration, not mass immigration" (l. 12). This phrase is followed by examples from the past. The Prime Minister puts forward positive examples of British neighbourhoods but he also explains how high numbers of immigrants have caused (severe) problems in some communities. Eventually Cameron formulates an outlook for the future.

The urge to act is stressed by the symbol of the "message [Cameron] heard loud and clear on the doorstep" (l. 2). It stands for the idea of having a political mission from the people who cannot enter parliament and walk the corridors of power themselves. The simple style used in the next paragraph also reflects that the politician cares about the common people even though the speech is addressing important Tories, who could clearly cope with a more sophisticated approach. The level of simplification peaks in the speaker's basic message as to what Britain needs (l. 12, see above). Here, the contrast between good and bad is additionally enhanced by the contrast inherent in the sentence structure.

The listeners are frequently included in Cameron's argument by means of direct appeals and the use of the personal pronouns "our" (ll. 17–20) and "we" (l. 24). In one of the appeals the speaker asks his audience to "go (in)to" various places where the benefits of admitting immigrants to Britain become tangible (ll. 17–22). The parallel constructions support the impression that there is a huge variety of positive impacts – this is also apparent in the enumeration in line 22.

What David Cameron obviously considers 'bad' immigration is outlined by referring to statistics: "[b]etween 1997 and 2009, 2.2 million more people came to live in [Britain] than left to live abroad" (ll. 26/27). The huge influx has caused severe problems in traditional communities, which he describes metaphorically as closely "knitted together" (l. 33) – a rather flowery description if you think about run-down neighbourhoods in, say, Milton Keynes for instance. The notion that bonds between neighbours take time and that immigration does as well (cf. ll. 34/35) is a fairly weak and superficial explanation for the frictions immigration has caused in Britain. However, as Cameron's style is very decided and stringent, the audience is likely to be able to follow his logic. At the end of the speech, the Prime Minister – very statesman-like – is able to draw a conclusion that paints a very positive future for his country. *(503 words)*

3.1 *Sie können sich positiv oder negativ zu David Camerons Konzept äußern. Die folgende Musterlösung stimmt ihm im Hinblick auf die Ablehnung von Massenimmigration nach Großbritannien zu, bewertet das Gesamtkonzept aber nur unter der Bedingung positiv, dass eine sinnvolle Definition von „good immigration" gefunden wird.*

- *based on Cameron's speech we can assume that mass immigration should be avoided*
- *finding a way to outline criteria for 'good immigration' will make or break his plan*

Im Folgenden werden Fragen aufgeworfen, die auf dem Wissen über die Migrantensituation in Großbritannien und der vorgegebenen Rede basieren. Anhand von zwei Beispielaspekten wird hierbei festgestellt, dass die Definition von ‚guter Einwanderung' sehr von der jeweiligen Perspektive abhängt:

- *there is a clash of interests as to the skill level of new immigrants*
- *their preferable origins are not undisputed either*

As David Cameron explains adequately that large-scale immigration has brought about various problems for many communities in Britain, we can assume that mass immigration should be avoided – otherwise the country might gradually lose its inner balance. However, this realization does not suffice to make Cameron's slogan a fruitful or even wise political statement: it all depends on his definition of "good immigration" (l. 12). Finding a way to outline criteria for this will make or break his plan.

In the process of defining "good", Britain will have to include the experiences and interests of various groups such as the native British people – 'the man on the Clapham bus' and also economic entities like corporations – as well as the major immigrant groups. As mentioned in the speech this includes, for example, communities formed by people from Uganda, Pakistan, India and a few more Commonwealth countries but also second-generation immigrants, who are more often than not caught between two cultures.

Take the definition of the aspired skill level of immigrants, for example: what if the new workers are too well educated? Won't the average working-class people be jealous of their income or of the fact that these people have overtaken them economically in no time or that these immigrants have found employment very quickly and (unqualified) British workers have been out of work for years? By

contrast, the economy might wish for highly capable and extraordinarily well-trained workers from all over the world. From this perspective there is no use in attracting anybody who cannot be used.
Or take family relations. This might turn out to be problematic because the interests of immigrant groups may collide with the interests of traditional British society. Indians or Pakistanis might wish for visas for their relatives, whereas the government – at least according to what Cameron says – would probably want to avoid courting immigrant communities that grow too big and consequently stick to themselves. Now, what about attracting people from countries that are grossly underrepresented amongst the immigrants in Great Britain and Northern Ireland? What about coming up with a new (and likewise simple) slogan such as: 'Dagestan people for cultural diversity', or 'Forget Fiji, be British'?
Good or bad immigration, everyone will have to decide for themselves what that means. The success of David Cameron's approach definitely depends on whether or not he will be able to find a concept of "good immigration" that fits British society.
(400 words)

3.2 *Bei dieser Aufgabe geht es für Sie darum, die Form eines Briefes einzuhalten, die Position eines indischen Immigranten einzunehmen und auf die Rede von David Cameron Bezug zu nehmen. Nachdem auch in Ihrer Abiturprüfung nicht von Ihnen erwartet wird, dass Sie die Postleitzahl des englischen Premierministers kennen, verwendet die vorliegende Musterlösung hierzu fiktive Daten. Aber vielleicht wollen Sie Ihren Lehrer ja mit der perfekten Form verblüffen? Also: Die offizielle Ansprache lautet ‚The Prime Minister of the United Kingdom of Great Britain and Northern Ireland'; die korrekte Adresse ist: 10 Downing Street, London, SW1A 2AA.*
- *Halten Sie sich an formale Vorgaben für Briefe (z. B. Angabe der Adresse von Absender und Empfänger, Anrede).*
- *Nehmen Sie die Rolle eines indischen Arztes ein und denken Sie sich passende Erfahrungen dieses Immigranten in Großbritannien aus („Dilingh Sharaman Khan", „M.D.", „radiologist").*
- *Nehmen Sie Bezug auf Camerons Rede und seine Einstellung zum Thema.*

Dr. Dilingh Sharaman Khan, M.D., radiologist
Norwich City Hospital
23 Stonebridge
Norwich
FGD65TH

To the Prime Minister
Mr David Cameron
10 Downing Street
London
KNL542SA

April 23, 2011

Dear Mr Cameron,

Thank you so much for pointing out how many positive effects the immigration of loyal British citizens from all over the world has had over the last few decades. I have been working as a radiologist for Norwich City hospital for 29 years now. I was almost grown up when my parents, who come from Mumbai, decided to move to the East of England. The links established during colonial times have knitted our countries together and still account for peace and diversity in both places. When I first came here, I was unsure about what I could do for my new country. Now I can boast over 54 thousand readings of MRI scans, and three eager and intelligent children, who have decent jobs and pay their taxes willingly as I do. I have been singing in the Norwich Fire Department Choir for years and my Christmas pudding is much better than my son's mother-in-law's. Thank you very much for giving us the opportunity to live in this country and for taking a stand against a wild and uncontrolled influx of people who simply want to sponge off this great community of ours. Yes, Mr Cameron, you are absolutely right about the immigration issue. We need "good immigration, not mass immigration".
My wife and I wish you all the best of luck with your political mission and also for the next general election.

Yours sincerely,
Dr. Dilingh Sharaman Khan *(241 words)*

Ihre Meinung ist uns wichtig!

Ihre Anregungen sind uns immer willkommen. Bitte informieren Sie uns mit diesem Schein über Ihre Verbesserungsvorschläge!

Titel-Nr.	Seite	Vorschlag

Bitte hier abtrennen

Bitte hier abtrennen

Zutreffendes bitte ankreuzen!

Die Absenderin/der Absender ist:

- ☐ Lehrer/in in den Klassenstufen: ______
- ☐ Fachbetreuer/in
  Fächer: ______
- ☐ Seminarlehrer/in
  Fächer: ______
- ☐ Regierungsfachberater/in
  Fächer: ______
- ☐ Oberstufenbetreuer/in
- ☐ Schulleiter/in
- ☐ Referendar/in, Termin 2. Staatsexamen: ______
- ☐ Leiter/in Lehrerbibliothek
- ☐ Leiter/in Schülerbibliothek
- ☐ Sekretariat
- ☐ Eltern
- ☐ Schüler/in, Klasse: ______
- ☐ Sonstiges: ______

Unterrichtsfächer: **(Bei Lehrkräften!)**

______

Kennen Sie Ihre Kundennummer? Bitte hier eintragen.

Absender **(Bitte in Druckbuchstaben!)**

Name/Vorname

Straße/Nr.

PLZ/Ort/Ortsteil

Telefon privat

Geburtsjahr

E-Mail

Schule/Schulstempel **(Bitte immer angeben!)**

23_VD5

Bitte ausfüllen und im frankierten Umschlag an uns einsenden. Für Fensterkuverts geeignet.

STARK Verlag
Postfach 1852
85318 Freising